Klasse 8-10

Friedhelm Heitmann

Deutsche Geschichte 1945 bis heute

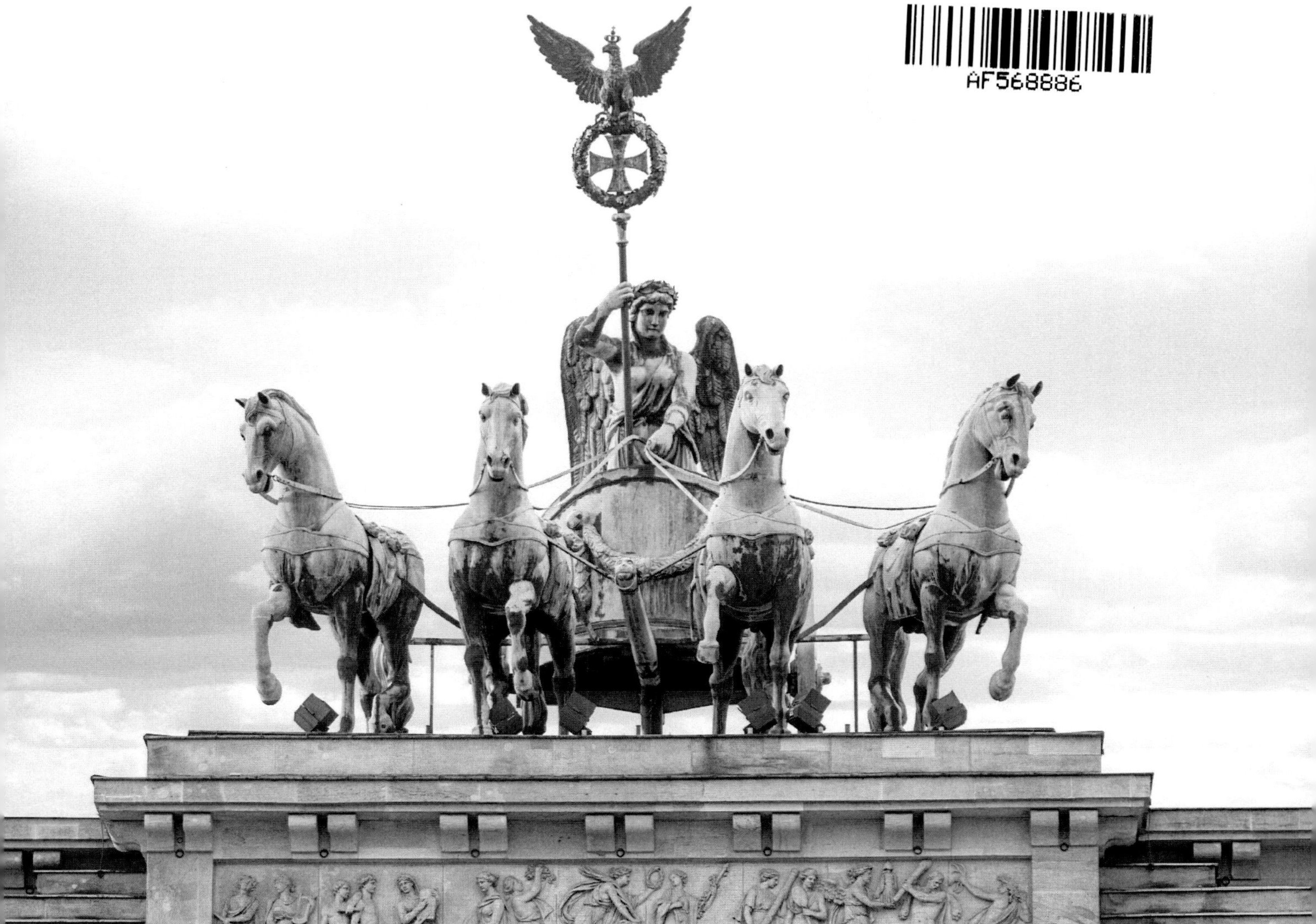

Klar strukturierte Arbeitsblätter für einen informativen Überblick

Deutsche Geschichte 1945 bis heute

Ein informativer Überblick

5. Auflage 2026

Inhalt: Friedhelm Heitmann
Umschlagbild: © Edler von Rabenstein - AdobeStock.com
Redaktion: Kohl-Verlag
Grafik & Satz: Kohl-Verlag
Druck: farbo prepress GmbH, Köln

Bestell-Nr. 12 173

ISBN: 978-3-96040-342-5

Kontakt: Kohl-Verlag, An der Brennerei 37-45, 50170 Kerpen
Tel: +49 2275 331610, Mail: info@kohlverlag.de

Der vorliegende Band ist eine Print-Einzellizenz

Sie wollen unsere Kopiervorlagen auch digital nutzen? Kein Problem – fast das gesamte KOHL-Sortiment ist auch sofort als PDF-Download erhältlich! Wir haben verschiedene Lizenzmodelle zur Auswahl:

	Print-Version	PDF-Einzellizenz	PDF-Schullizenz	Kombipaket Print & PDF-Einzellizenz	Kombipaket Print & PDF-Schullizenz
Unbefristete Nutzung der Materialien	x	x	x	x	x
Vervielfältigung, Weitergabe und Einsatz der Materialien im eigenen Unterricht	x	x	x	x	x
Nutzung der Materialien durch alle Lehrkräfte des Kollegiums an der lizensierten Schule			x		x
Einstellen des Materials im Intranet oder Schulserver der Institution			x		x

Die erweiterten Lizenzmodelle zu diesem Titel sind jederzeit im Online-Shop unter www.kohlverlag.de erhältlich.

Inhalt

Inhalt

Seite

Vorwort

Liebe Kolleginnen, liebe Kollegen,

willkommen im vorliegenden Band! Die Geschichte steckt voller Ereignisse, so auch die deutsche Geschichte ab dem Ende des Zweiten Weltkrieges. Der präsentierte Band befasst sich mit der deutschen Geschichte seit dem Ende des Zweiten Weltkrieges bis hin zur Gegenwart. Allgemeinverständlich werden die Deutschland betreffenden wesentlichen Ereignisse und Entwicklungen im genannten Zeitraum dargestellt.

Vorgesehen ist der Band in erster Linie für die höheren Klassenstufen in der Sekundarstufe I. Die dargebotenen Materialien entstanden einmal mehr im Laufe meiner langjährigen Tätigkeit als Lehrer in Hamburg. Sie wurden von mir wiederholt im Unterricht eingesetzt, bewährten sich und trugen bei den unterrichteten Schülerinnen und Schülern zur Verbesserung der historischen Kenntnisse, Erkenntnisse sowie Allgemeinbildung bei.

Diverse unterschiedliche Informations- und Arbeitsblätter sind im Band vorzufinden. Den Schülerinnen und Schülern wird bei der Bearbeitung der Aufgaben zum einem Textverständnis abverlangt. Im Weiteren wird auf so manchen Arbeitsblättern von den Heranwachsenden (auch) die eigene Meinungsäußerung zu Ereignissen und Entwicklungen gefordert. Darüberhinaus enthält der dargebotene Band mehrere Tests zur Leistungskontrolle.

Für Hinweise auf etwaige Fehler im Band, Unklarheiten und/oder sonstige Verbesserungsvorschläge bedanke ich mich im Voraus.

Viele Erfolge beim Einsatz der vorliegenden Materialien wünschen Ihnen das Team des Kohl-Verlages und

Friedhelm Heitmann

1 Teste dein Vorwissen

Aufgabe 1: *Was wisst ihr über die Geschichte Deutschlands nach dem Zweiten Weltkrieg?*

a) Findet euch in 3er- oder 4er-Gruppen zusammen.

b) Teilt den Papierbogen so auf, dass jeder ein eigenes Feld hat und zusätzlich ein freies Feld in der Mitte entsteht.

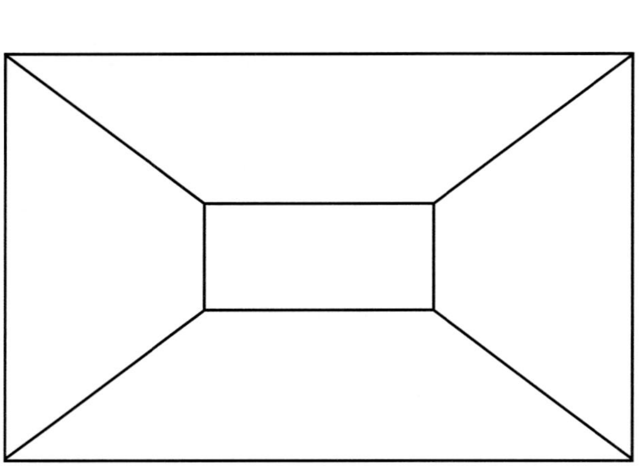

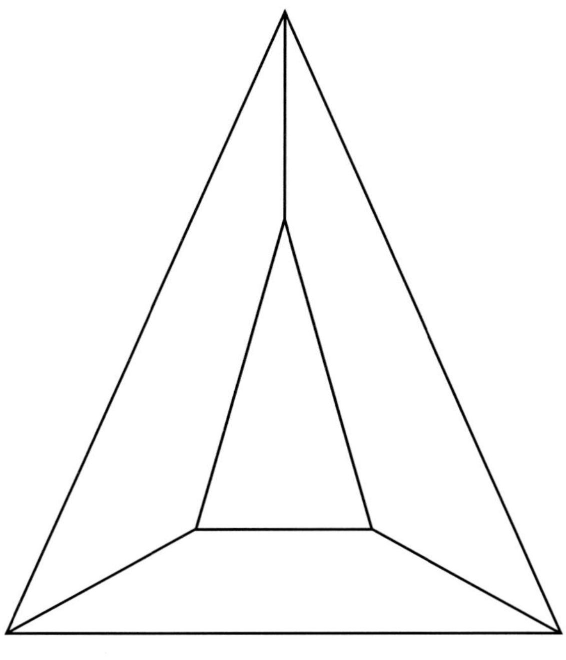

c) Denke für dich allein über die Aufgabe nach und notiere deine Überlegungen in deinem Feld.

d) Dreht den Bogen so, dass jeder ein anderes Feld vor sich hat. Lest, was in diesem Feld steht und ergänzt oder kommentiert die Ideen. Dies wiederholt ihr so oft, bis jeder wieder sein eigenes Feld vor sich hat.

e) Lest alle Ergänzungen und Kommentare durch.

f) Einigt euch nun auf ein gemeinsames Gruppenergebnis und notiert es in dem mittleren Feld des Papierbogens.

g) Ein Gruppenmitglied präsentiert das Ergebnis vor der Klasse.

Aufgabe 2: *Berlin ist eine Stadt, die gravierenden Wandlungen unterworfen war wie kaum eine andere. Was weißt du über die Geschichte Berlins ab 1945? Fülle die Lücken mit Hilfe der vorgegebenen Begriffe aus.*

Beitritt • Besatzungssektoren • Bundesland • Sowjetunion • Deutschen Demokratischen Republik • Hauptstadt • Mauer • Westberlin

a) Die Stadt Berlin war von 1871 bis 1945 die ______________________ im Deutschen Reich.

b) Nach der deutschen Niederlage im Zweiten Weltkrieg (1945) wurde Berlin durch die Hauptsiegermächte in vier ______________________ aufgeteilt.

c) In den Jahren 1949-1990 galt (Ost-)Berlin als die Hauptstadt der ____.

d) Die BRD sah ________________ (mit Sonderstatus) als zugehörig zur Bundesrepublik an.

e) 1961 ließ die Staatsführung der Deutschen Demokratischen Republik um Westberlin eine ________________ bauen, die erst Ende 1989 für die DDR-Bürger geöffnet wurde.

f) Im Viermächte-Abkommen (auch Berlin-Abkommen genannt) von 1970 einigten sich die USA, Großbritannien, Frankreich und die ____________________ über Berlin.

g) Nach dem ________________ der DDR zur BRD (= „Wiedervereinigung“) im Jahr 1990 wählte der Bundestag das vereinigte Berlin zur deutschen Hauptstadt und zum Regierungssitz.

h) Berlin ist heute auch ein ____________________ der BRD.

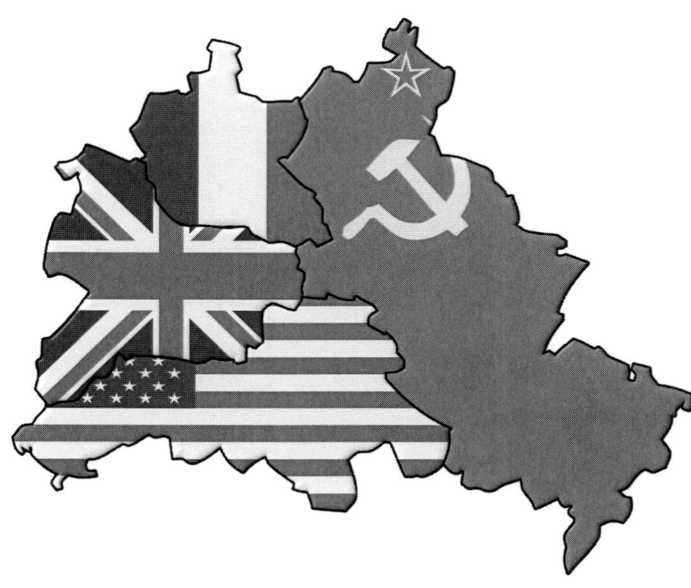

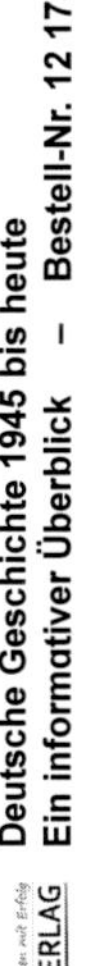

Deutsche Geschichte 1945 bis heute
Ein informativer Überblick – Bestell-Nr. 12 173

1 Teste dein Vorwissen

Aufgabe 3: *Ordne die folgenden Ereignisse den unten genannten Jahreszahlen zu. Schreibe die Ereignisse auf die Linien.*

- Beitritt der DDR zur BRD („Wiedervereinigung“)
- BRD wurde Gründungsmitglied der aus der Europäischen Gemeinschaft (EG) entstandenen Europäischen Union (EU)
- Einführung der Währung Euro in der BRD und anderen Ländern der Europäischen Union (EU)
- Ende des Zweiten Weltkrieges und Potsdamer Konferenz
- Erfolgreiche friedliche Revolution in der DDR und Öffnung der DDR-Grenzen nach Westen
- Grundlagenvertrag zwischen der BRD und DDR
- Gründung der BRD und DDR
- Mauerbau um Westberlin herum
- Merkel als erste Frau zur Bundeskanzlerin der BRD gewählt
- Missglückter Volksaufstand in der DDR

1945: ____________________

1949: ____________________

1953: ____________________

1961: ____________________

1972: ____________________

1989: ____________________

1990: ____________________

1993: ____________________

2002: ____________________

2005: ____________________

2 Deutschland nach dem Zweiten Weltkrieg

Das Ende des Zweiten Weltkrieges

Anfang Mai 1945 endete mit der bedingungslosen Kapitulation Deutschlands gegenüber den Alliierten der Zweite Weltkrieg. Dieser Vernichtungskrieg war vom Deutschen Reich unter der Führung des Nationalsozialisten Hitler entfacht und vorangetrieben worden. Ziel der deutschen Kriegshandlungen war es, „Lebensraum im Osten" zu gewinnen, um schließlich ein großdeutsches Reich zu errichten. Zum Opfer fielen dabei vor allem alle, die rassisch für „minderwertig" erklärt wurden. Dazu zählten vor allem Angehörige der slawischen Bevölkerung sowie die Juden.

Während des Krieges verloren weltweit etwa 55 Millionen Menschen ihr Leben. Fast fünf Millionen Deutsche starben direkt durch den Krieg, weitere 2,5 Millionen Deutsche durch anschließende Flucht, Misshandlungen, Vertreibungen und Verschleppungen. Davon waren Deutsche vor allem in den Ostgebieten betroffen. Dort rächten sich Soldaten und Zivilbevölkerungen der Länder, die das Deutsche Reich im Zweiten Weltkrieg überfallen, besetzt und brutal unterdrückt hatte, auf ebenfalls grausame Weise.

Blick auf Dresden im Februar 1945

Am Ende des Zweiten Weltkrieges lagen weite Teile Deutschlands, aber auch andere Gebiete, in denen erbittert gekämpft worden war, in Schutt und Asche. Zerstörungen und Beschädigungen betrafen Städte in der Regel viel stärker als Dörfer. Auch gab es in den Städten durchweg erheblich mehr Tote und Verletzte. In den Städten war die Hungersnot größer als auf dem Land. Trotz alledem atmete ebenso die deutsche Bevölkerung mehr oder minder erleichtert auf, als der Zweite Weltkrieg zu Ende war.

Aufgabe 1: *Richtig oder falsch? Kreuze an.*

		Richtig	Falsch
a)	Das Deutsche Reich unterschrieb im Mai 1945 die bedingungslose Kapitulation.		
b)	Die Bevölkerung im Westen Deutschlands litt besonders unter der Niederlage.		
c)	Auf dem Land waren die Zerstörungen nach dem Krieg am größten.		

Aufgabe 2: *Viele Städte lagen nach dem Krieg in Trümmern. Welche Folgen ergaben sich daraus wohl für die Menschen?*

KOHL VERLAG Deutsche Geschichte 1945 bis heute Ein informativer Überblick – Bestell-Nr. 12 173

2 Deutschland nach dem Zweiten Weltkrieg

Deutschland befand sich nach der bedingungslosen Kapitulation am 8. Mai 1945 unter der Aufsicht und Kontrolle der alliierten Siegermächte (USA, Großbritannien, Sowjetunion, Frankreich). Ab sofort entschieden sie darüber, wie es mit Deutschland weitergehen sollte. Bereits vor Kriegsende, als die Niederlage der Deutschen bereits absehbar war, entstand der Beschluss, Deutschland in Besatzungszonen aufzuteilen, die von den Siegermächten kontrolliert und verwaltet werden sollten.

Mitteilung der britischen Militärregierung an die Hamburger nach der Besetzung der Stadt:

MILITÄRREGIERUNG

1. Mit sofortiger Wirkung und bis auf Widerruf müssen alle Zivilpersonen in den Häusern bleiben. Auf Personen, die diesem Befehl zuwider handeln, kann ohne Anruf geschossen werden.

2. Nach 24 Stunden wird die Zivilbevölkerung über etwaigen Nachlaß dieses Befehls unterrichtet werden.

3. Hausvorstände müssen sofort eine Liste mit Vor- und Zunamen, Geburtsdatum, Geschlecht und Beschäftigung aller Hausbewohner an ihren Haustüren anbringen.

4. Das Verbergen oder Beherbergen von Angehörigen der deutschen Streitkräfte ist eine strafbare Handlung.

5. Personen, die diesen Anordnungen zuwider handeln, können gerichtlich verfolgt und nach Schuldigerklärung zu jeder gesetzlichen Strafe, einschließlich Todesstrafe, verurteilt werden.

IM AUFTRAGE DER MILITÄRREGIERUNG

Aufgabe 3: *Erkläre in eigenen Sätzen kurz, wie es dazu kam, dass Deutschland nach dem Zweiten Weltkrieg besetzt wurde.*

Aufgabe 4: *Findest du, dass die Militärregierung zu hart mit den Deutschen umging? Begründe deine Meinung.*

KOHL VERLAG Deutsche Geschichte 1945 bis heute – Ein informativer Überblick ■ Bestell-Nr. 12 173

Das Potsdamer Abkommen

Die führenden Politiker der USA, Großbritanniens und der Sowjetunion legten auf der Potsdamer Konferenz (17.07. – 02.08.1945) in einem Abkommen in Bezug auf Deutschland im Wesentlichen fest:

- gänzliche Abrüstung, völlige Entmilitarisierung Deutschlands (= „Demilitarisierung“);
- Verurteilung der Kriegsverbrecher, restlose Ausschaltung des Nationalsozialismus (= „Denazifizierung“);
- Umgestaltung des politischen Lebens in Deutschland mit dem Ziel: Erziehung der Bevölkerung zu demokratischem Verhalten (= „Demokratisierung“);
- Leistung von Reparationen durch Deutschland (= „Demontage“);
- Aufteilung Deutschlands in vier Besatzungszonen, Trennung Berlins in vier Besatzungssektoren (= „Dezentralisierung“); Ausübung der Oberaufsicht durch den in Berlin ansässigen Alliierten Kontrollrat;
- Alliierte Kontrolle und Behandlung Deutschlands als wirtschaftlich Ganzes;
- Abtrennung deutscher östlich der Oder-Neiße-Linie gelegener Gebiete; die deutsche Ostgrenze sollte durch einen späteren Friedensvertrag endgültig festgelegt werden;

Potsdamer Konferenz 1945: sitzend von links nach rechts: Clement Attlee (Großbritannien), Harry S. Truman (USA), Josef Stalin (Russland)

- Ordnungsgemäße Aussiedlung der in Polen, in der Tschechoslowakei und Ungarn lebenden deutschen Bevölkerung.

Aufgabe 5: *Oft ist im Zusammenhang mit dem Potsdamer Abkommen die Rede von den „5 Ds“. Was könnte damit gemeint sein?*

D ______________________________

D ______________________________

D ______________________________

D ______________________________

D ______________________________

Aufgabe 6: *Was wollten die Siegermächte mit den Beschlüssen erreichen?*

____

____

____

KOHL VERLAG Deutsche Geschichte 1945 bis heute
Ein informativer Überblick – Bestell-Nr. 12 173

Aufgabe 7: *Die folgende Karte zeigt, was im Potsdamer Abkommen bezüglich Deutschland beschlossen wurde. Welche Informationen kannst du der Karte entnehmen?*

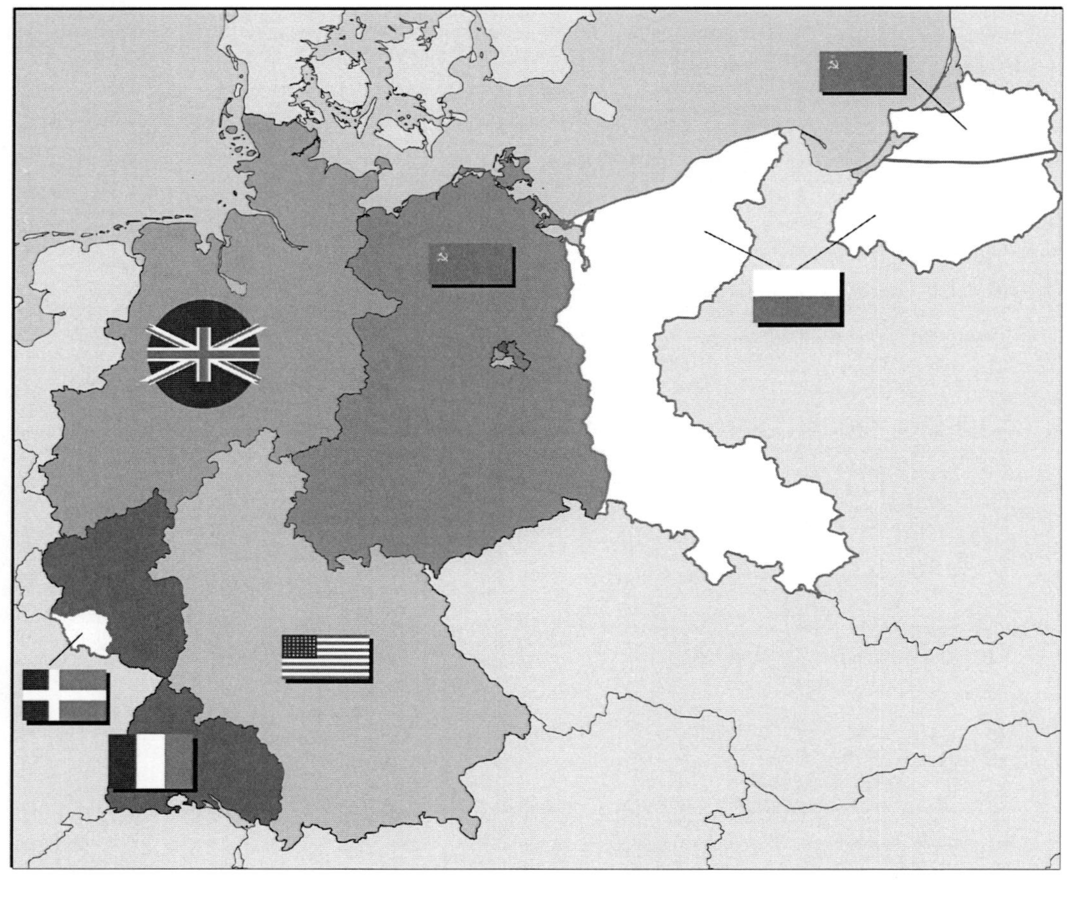

Aufgabe 8: *Die ostdeutschen Gebiete sollten laut Potsdamer Abkommen abgetrennt werden. Was hatte dies wohl für die dort lebenden Menschen zur Folge?*

KOHL VERLAG Deutsche Geschichte 1945 bis heute – Ein informativer Überblick • Bestell-Nr. 12 173

2 Deutschland nach dem Zweiten Weltkrieg

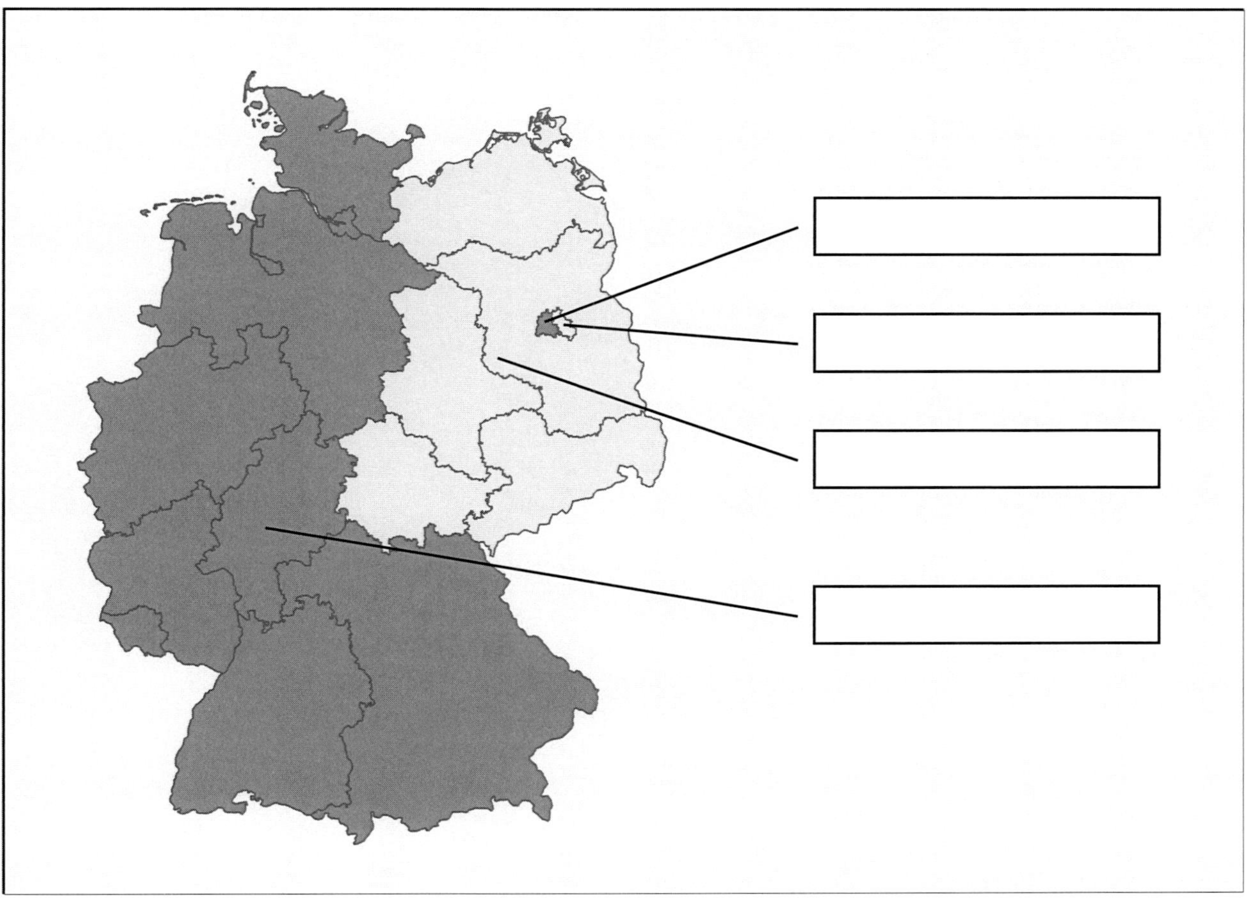

Aufgabe 9: *Beschrifte in der Karte:*

- *die Westzonen (hier dargestellt als eine große Zone; späteres Gebiet der BRD)*
- *die sowjetische Zone (späteres Gebiet der DDR)*
- *Westberlin*
- *Ostberlin*

Aufgabe 10: *In welcher Lage befand sich Westberlin geographisch und politisch gesehen?*

____

____

____

____

____

Deutsche Geschichte 1945 bis heute
Ein informativer Überblick – Bestell-Nr. 12 173
KOHL VERLAG

Entnazifizierung (?)

Die Vereinbarungen der Hauptsiegermächte des Zweiten Weltkrieges sahen vor, Deutschland zu entnazifizieren, d. h. von nationalsozialistisch eingestellten Personen, deren Organisationen und Gedankengut zu befreien. Manche Nationalsozialisten entzogen sich am Kriegsende der Bestrafung durch Flucht (besonders nach Südamerika) oder durch Selbstmord. In dem Nürnberger Hauptprozess 1945/1946 wurden von den 22 Angeklagten zwölf führende Nationalsozialisten zum Tode verurteilt, andere zu Haftstrafen zwischen zehn Jahren und lebenslänglich. Es gab weitere Prozesse in Nürnberg und anderen Orten gegen Nationalsozialisten und deren Unterstützer wie z. B. Ärzte oder Hauptverantwortliche in Konzentrationslagern. Etliche Personen mit Parteizugehörigkeit zur NSDAP und/oder nationalsozialistischer Gesinnung (Lehrer, Verwaltungsbeamte ...) wurden entlassen und kamen vorübergehend in Internierungslager der Alliierten.

Deutsche, die über 18 Jahre alt waren, wurden anhand eines Fragebogens befragt und überprüft, ob sie in Bezug auf den Nationalsozialismus Hauptschuldige, Belastete, Minderbelastete, Mitläufer bzw. Entlastete waren. Doch nur etwa 1 % der befragten und überprüften Deutschen soll beispielsweise mit Entlassung aus dem Amt, Geldzahlung, Haftstrafe bestraft worden sein. Wenn es zu Strafen kam, wurden ehemalige untere NSDAP-Mitglieder des Öfteren härter bestraft als hohe Parteimitglieder. Zahlreiche frühere NSDAP-Mitglieder und SS-Angehörige (SS = Schutzstaffel; sie hatte die Verantwortung, Konzentrationslager zu betreiben und zu verwalten) blieben nach dem Zweiten Weltkrieg unbestraft und kamen vor allem in der 1949 entstandenen Bundesrepublik Deutschland in der Justiz, bei der Polizei, in der Sportverwaltung, in der Politik oder in anderen Bereichen unter. Nicht wenige davon machten im Nachkriegsdeutschland Karriere.

Aufgabe 11: *Fasse kurz zusammen, wie die Entnazifizierung der Deutschen nach dem Zweiten Weltkrieg verlief. Schreibe in dein Heft/deinen Ordner.*

Aufgabe 12: *Was könnten deiner Meinung nach die Gründe dafür gewesen sein, dass viele Verantwortliche nicht bestraft wurden? Schreibe in dein Heft/deinen Ordner.*

Aufgabe 13: *Noch vor kurzem kam es zu NS-Prozessen in Deutschland. Doch viele Schuldige werden aufgrund ihres mittlerweile hohen Alters und ihres Gesundheitszustandes nicht belangt oder müssen ihre Haftstrafe nicht antreten. Wie ist deine Meinung dazu? Schreibe in dein Heft/deinen Ordner.*

KOHL VERLAG Deutsche Geschichte 1945 bis heute – Ein informativer Überblick – Bestell-Nr. 12 173

Beseitigung der Kriegstrümmer und Beginn des Wiederaufbaues

Für Überlebende des Zweiten Weltkrieges ging das Leben weiter. In u. a. Deutschland war es jedoch oft ein Kampf um das Überleben, denn Hungersnot und Armut beherrschten die Menschen. Auf Schwarzmärkten wurde z. B. Silbergeschirr gegen Lebensmittel getauscht, um etwas zum Essen zu haben. Auf der Suche nach Lebensmitteln wurde aber auch gestohlen (z. B. Kartoffeln). Sogenannte Care-Pakete (to care for (engl.) = Sorgen für, kümmern, betreuen) aus den USA sorgten ab 1946 für eine gewisse Linderung der Not.

Schon unmittelbar nach Kriegsende wurde in Deutschland eifrig mit der Beseitigung der Kriegstrümmer und dem Wiederaufbau begonnen. Hier taten sich vor allem Frauen hervor. Sie gingen in die deutsche Nachkriegsgeschichte ein unter der Bezeichnung „Trümmerfrauen“ und wurden zum Mythos, das durch Darstellung in Zeitschriften und Zeitungen entstand. Frauen waren im Alltagsleben häufig auf sich allein gestellt, zumal sehr viele Männer im Krieg als Soldaten ums Leben gekommen waren oder sich noch in Kriegsgefangenschaft (beispielsweise in der Sowjetunion) befanden. Andere Männer waren kriegsversehrt heimgekehrt und konnten keine körperliche Arbeit mehr leisten bzw. nur sehr begrenzt erledigen. Auf Frauen lasteten schwere Aufgaben. Sie mussten ihre heranwachsenden Kinder betreuen, alltäglich für Essen und Trinken sorgen und sich um die Wohnunterkunft kümmern. Aufgrund der Kriegsschäden lebten viele Deutsche nach dem Krieg (zunächst) in Notunterkünften dicht zusammen, z. B. in Wellblechhütten. Dies betraf besonders die ansässige städtische Bevölkerung sowie Flüchtlinge und Vertriebene aus ehemals deutschen Gebieten im Osten. Lange dauerte es, bis alle Trümmer des Krieges beseitigt waren und noch länger, bis der Wiederaufbau in den Städten abgeschlossen war. In Hamburg war der Wiederaufbau der Stadt erst nach ca. 20 Jahren abgeschlossen, also erst um 1965.

Aufgabe 14: *Beschreibe in eigenen Worten mit Hilfe des Textes und des Bildes die Situation im Nachkriegsdeutschland.*

KOHL VERLAG
Deutsche Geschichte 1945 bis heute
Ein informativer Überblick – Bestell-Nr. 12 173

3 Der Ost-West-Konflikt

Der Beginn des „Kalten Krieges“

Der Zusammenschluss der Staaten USA, Großbritannien, Frankreich, Sowjetunion sowie weiterer Länder während des Zweiten Weltkrieges war ein Zweckbündnis. Das Ziel war, das nationalsozialistische Deutschland und dessen Verbündete zu besiegen. Schon kurz nach dem Sieg der Alliierten wurden die Differenzen und Spannungen zwischen den Hauptsiegermächten USA, Großbritannien, Frankreich auf der einen Seite und der Hauptsiegermacht Sowjetunion auf der anderen Seite immer größer. Über das weitere Vorgehen in der deutschen Frage wurde man sich nicht einig. Die Verhandlungen waren immer mehr geprägt von gegenseitigem Misstrauen. Der Ost-West-Konflikt überschattete zunehmend die Verhandlungen, sodass im Jahre 1947 die Gespräche in Moskau und London über die Wiederherstellung der politischen Einheit Deutschlands scheiterten. Es dauerte nicht lange, bis sich die Westmächte und die Sowjetunion alsbald im sogenannten „Kalten Krieg“ feindlich gegenüberstanden.

Der Begriff „Kalter Krieg“ soll allgemein schon 1945 von dem bekannten britischen Schriftsteller G. Orwell gebraucht worden sein. Im Juni 1947 wählte der US-Amerikaner W. Lippmann diesen Begriff als Titel seines Buches „The Cold War“. Fortan wurde die Bezeichnung „Kalter Krieg“ zum Schlagwort für die Gegensätze und erheblichen Spannungen zwischen den Westmächten unter der Führung der USA und den Ostblockstaaten angeführt von der Sowjetunion. Beide Großmächte waren bestrebt, ihre Macht und ihren Einfluss auszudehnen und ihre jeweilige Besatzungszone an sich zu binden.

Der „Kalte Krieg“ war eine Auseinandersetzung zwischen zwei Systemen: dem Kapitalismus auf der einen Seite (vertreten vor allem von den USA) und dem Kommunismus auf der anderen Seite (repräsentiert von der Sowjetunion). Die Rivalitäten zeigten sich im sehr gefährlichen militärischen Wettrüsten, in der Wirtschaft, in der Wissenschaft, in der Technologie, in der Kultur, im Sport ... Der Westen definierte sich durch die Prinzipien der Freiheit und Demokratie und grenzte sich von der im Osten vorherrschenden Diktatur ab. Auf der anderen Seite stand der kommunistische Osten, der in den kapitalistischen Ländern des Westens ein Feindbild sah. Besonders in Bezug auf Deutschland hatten die beiden Großmächte unterschiedliche Interessen. Schon bald nach Kriegsende wurde Deutschland zum Schauplatz des „Kalten Krieges“ (Ost-West-Konflikt), der mit der sogenannten Berlin-Blockade im Jahre 1948 seinen ersten Höhepunkt nahm.

KOHL VERLAG
Deutsche Geschichte 1945 bis heute
Ein informativer Überblick – Bestell-Nr. 12 173

3 Der Ost-West-Konflikt

Aufgabe 1: *Ordne die folgenden Begriffe richtig zu.*

USA • Freiheit • Sowjetunion • Sozialismus • Kapitalismus • Demokratie • Frankreich • Diktatur • Großbritannien • Kommunismus

Westem	Osten

Aufgabe 2: *Wieso waren die USA, Großbritannien, Frankreich, die Sowjetunion und weitere Staaten während des Krieges miteinander verbündet?*

___

___

___

___

Aufgabe 3: *Was ist mit dem Begriff „Kalter Krieg" gemeint?*

___

___

___

___

Aufgabe 4: *Kannst du dir erklären, warum der Konflikt zwischen Ost und West als „Kalter" Krieg bezeichnet wird? Recherchiere notfalls im Internet.*

___

___

___

___

Der Marshall-Plan

Nach dem Zweiten Weltkrieg waren mehrere osteuropäische Staaten (Polen, Ungarn, Rumänien, Bulgarien ...) stark durch die Sowjetunion beeinflusst und sind kommunistisch geworden. Die USA waren allerdings nicht bereit, ein weiteres Vordringen des Kommunismus sowie des sowjetischen Macht- und Einflussbereiches hinzunehmen. Die USA gingen ab 1947 dazu über, Gegenmaßnahmen zu ergreifen.

Dazu diente vor allem der sogenannte Marshall-Plan, auch European Recovery Program (= Europäisches Wiederaufbau-Programm) genannt. Mit diesem Plan boten die USA europäischen Staaten Hilfe an – auch den Besatzungszonen Deutschlands. Der Plan sah vor, den Hunger und die sonstige Not der Bevölkerung zu lindern, möglichst sogar zu beseitigen. Im Weiteren ging es darum, die Wirtschaft der Länder wieder aufzubauen. Auch kam es den USA auf eine wirtschaftliche und politische Zusammenarbeit mit diesen Ländern an. Mit dem Marshall-Plan ebneten sich die USA die Wege zu zukünftigen Absatzmärkten ihrer Produkte. Der Marshall-Plan wurde in Europa von so manchen Ländern angenommen. Von den europäischen Ostblockstaaten, die von der Sowjetunion gelenkt wurden, wurde das Angebot der USA jedoch abgelehnt. Dennoch trug der Marshall-Plan dazu bei, dass sich der Kommunismus in Europa nicht auf weitere Staaten als Staats- und Gesellschaftsform ausdehnte.

George C. Marshall, US-amerikanischer Außenminister und Schöpfer des Marshall-Plans

Aufgabe 5: *Ergänze die folgenden Satzanfänge.*

a) Nach dem Zweiten Weltkrieg waren mehrere osteuropäische ...

____

b) Die USA akzeptierten nicht ...

____

c) Der Marshall-Plan ist benannt nach ...

____

d) Auch wird der Marshall-Plan bezeichnet als ...

____

e) Nicht angenommen wurde der Marshall-Plan von ...

____

Aufgabe 6: *Welche Ziele wurden mit dem Marshall-Plan verfolgt? Zähle stichpunktartig auf.*

1. ______________________________

2. ______________________________

3. ______________________________

Aufgabe 7: Was meinst du zum Marshall-Plan? Schreibe deine eigene Meinung auf. Schreibe in dein Heft/deinen Ordner.

KOHL VERLAG Deutsche Geschichte 1945 bis heute – Ein informativer Überblick ■ Bestell-Nr. 12 173

Politische und wirtschaftliche Entwicklung in den Besatzungszonen

Westliche Besatzungszonen

Bereits während des Zweiten Weltkrieges gab es Stimmen, die dafür waren, dass die deutsche Industrie dauerhaft entmachtet wird, damit von Deutschland nie wieder ein Angriffskrieg ausgehen kann. Zu diesem Zweck veröffentlichte der US-amerikanische Finanzminister H. Morgenthau im Jahre 1944 einen Plan, nach dem aus Deutschland ein Agrarland mit wenig Industrie werden sollte. Dieser Plan wurde jedoch bald verworfen. Auch wenn in den westlichen Besatzungszonen bis zum Jahre 1951 Industrieanlagen demontiert wurden, wandelte sich die Politik bezüglich Deutschlands: Deutschland solle sich allmählich selbst versorgen können. Zu diesem Zweck war auch die Hilfe in Form des Marshall-Plans gedacht.

Am 20. Juni 1948 wurde zuerst in den Westzonen eine Währungsreform durchgeführt. Voraussetzung dafür war die Schaffung einer Zentralbank, die sogenannte Bank deutscher Länder. Sie ist die Vorläuferin der heutigen Bundesbank. Schon am 21.06.1948 war die Deutsche Mark alleiniges Zahlungsmittel. Innerhalb kurzer Zeit stieg der Geldwert wieder an und die Produktionsmenge erreichte allmählich wieder den Vorkriegsstand. Der Schwarzmarkt ging zurück. Die Währungsreform war auch eine Voraussetzung für die Teilnahme Westdeutschlands am Marshall-Plan.

Eine Deutsche Mark der Erstausgabe 1948

Die Westmächte USA, Großbritannien und Frankreich erlaubten in ihren Besatzungszonen und Besatzungssektoren in Berlin die Bildung von demokratisch eingestellten Parteien. Parteien wie die CDU, CSU, SPD oder die FDP entstanden oder wurden wieder gegründet. Landtagswahlen fanden statt, woraus die Zusammensetzungen von Landtagen hervorgingen.

Die USA und Großbritannien näherten sich in ihren Vorstellungen und Planungen bezüglich Deutschlands einander an. Im Januar 1947 kam es vor allem aus wirtschaftlichen Gründen zur Zusammenlegung der US-amerikanischen und der britischen Besatzungszone zur Bizone. Frankreich hielt sich zunächst zurück. Zwischen Frankreich und Deutschland bestand schon seit dem 19. Jahrhundert eine große Feindschaft. Nach dem Zweiten Weltkrieg hielt Frankreich zunächst an der Dezentralisierung Deutschlands fest. Doch dann ließ Frankreich seine Besatzungszone der Bizone beitreten. Aus der Bizone wurde im April 1949 die Trizone, auch „Westzone" oder „Westdeutschland" genannt.

Aufgabe 8: *Richtig oder falsch? Kreuze an.*

		Richtig	Falsch
a)	Laut dem Morgenthau-Plan sollte die deutsche Wirtschaft landwirtschaftlich geprägt sein.		
b)	1948 wurde die Reichsmark eingeführt.		
c)	Demokratische Parteien wurden in den Westzonen verboten.		
d)	1949 schlossen sich die drei westlichen Zonen zur Trizone zusammen.		

KOHL VERLAG Deutsche Geschichte 1945 bis heute Ein informativer Überblick – Bestell-Nr. 12 173

Sowjetische Besatzungszone (SBZ)

Eine ganz andere Entwicklung vollzog sich in der sowjetischen Besatzungszone. Schon früh ließ die Sowjetunion deutsche Kommunisten (darunter W. Ulbricht, der spätere Vorsitzende des Staatsrates der Deutschen Demokratischen Republik (DDR)) nach Ostdeutschland einreisen, die während der Zeit der nationalsozialistischen Herrschaft in der Sowjetunion gelebt hatten und dort politisch geschult worden waren. Zielsetzung der Sowjetunion war es, in Ostdeutschland eine sozialistisch-kommunistische Gesellschaftsordnung und ein entsprechendes politisches System zu errichten. Dazu wurde die Sowjetische Militäradministration (SMAD) eingerichtet. Sie sollte die Verwaltung wieder aufbauen. Die SMAD setzte in der repräsentativen Verwaltung angesehene bürgerliche Personen ein, in den Schlüsselpositionen jedoch Kommunisten. Bereits 1945 wurde in der SBZ eine Bodenreform durchgeführt. So wurden die Hofbesitzer enteignet, die über einen Grundbesitz von mehr als 100 Hektar verfügten. Der größte Teil der enteigneten Flächen wurde an Kleinbauern verteilt. Der Rest ging in staatlichen Besitz über. Banken, Sparkassen, Bergbaubetriebe und andere wichtige Industriebetriebe wurden ebenfalls verstaatlicht.

Im April 1946 erfolgte hauptsächlich auf Betreiben führender kommunistischer Politiker die (erzwungene) Vereinigung der Kommunistischen Partei Deutschlands (KPD) mit der Sozialdemokratischen Partei (SPD) zur Sozialistischen Einheitspartei Deutschlands (SED). Die SED wurde zur führenden Partei Ostdeutschlands. Sie bildete zusammen mit anderen zugelassenen Parteien den „Demokratischen Block". Diese anderen Parteien verloren aber mehr und mehr an Einfluss und spielten nur eine unbedeutende Rolle in Ostdeutschland. Wegen des Blocksystems war es unmöglich, zwischen Parteien auszuwählen. Oppositionelle (Gegner) wurden bald ausgeschaltet und innerhalb der SED wurden Parteisäuberungen vorgenommen. Die Einparteienherrschaft der SED hatte begonnen.

Wahlplakat für die SED, 1947

Somit fand in der Ostzone ein grundlegender politischer Wandel statt. Diese eigenständige Entwicklung der sowjetischen Besatzungszone förderte die Teilung Deutschlands. Als die Sowjetunion 1948 den Alliierten Kontrollrat verließ, wurde die politische Einheit Deutschlands immer unwahrscheinlicher.

Auf die Währungsreform in Westdeutschland reagierte man sofort: Am 23.06.1948 wurde auch in der SBZ eine Währungsreform durchgeführt. Als die Westalliierten die Währungsreform auch in Westberlin umsetzten, riegelte die sowjetische Besatzungsmacht den westlichen Teil der Stadt nach außen ab – die sogenannte Berlin-Blockade.

Aufgabe 9: *Der Schriftsteller H. W. Richter sagte zum Leben der deutschen Bevölkerung in den Besatzungszonen: „Am freiesten lebte man in der englischen (= britischen) Zone, am besten in der (US-) amerikanischen Zone, am gefährlichsten in der russischen (= sowjetischen) Zone." – Was könnte er damit wohl gemeint haben? Schreibe in dein Heft/deinen Ordner.*

Die Berlin-Blockade

Aufgabe 10: *Bringe die folgenden Sätze in die richtige Reihenfolge.*

☐ *Damit drohte der Bevölkerung in Westberlin u. a., hungern zu müssen und im Winter zu frieren.*

☐ *Sogar Bauteile zur Errichtung eines Kraftwerkes wurden per Flugzeuge nach Westberlin gebracht.*

☐ *Die Reichsmark wurde ungültig und durch die Deutsche Mark (DM) ersetzt.*

☐ *Schließlich gab die Sowjetunion die Blockade Westberlins wegen mangelnden Erfolges auf.*

☐ *Die drei Westmächte USA, Großbritannien sowie Frankreich führten im Juni 1948 in ihren deutschen Besatzungszonen und kurz darauf in ihren Besatzungssektoren Berlins eine Währungsreform durch.*

☐ *Die Westberliner bezeichneten die Flugzeuge, die Waren nach Westberlin brachten, im Scherz als „Rosinenbomber" oder „Rosinenbrummer".*

☐ *Mit ihrer Aktion wollte die Sowjetunion die USA, Großbritannien und Frankreich dazu zwingen, ihre Besatzungstruppen und das sonstige Personal aus Berlin abzuziehen.*

☐ *Die Blockade Berlins durch die sowjetische Besatzungsmacht dauerte bis Mai 1949.*

☐ *Darauf reagierte die sowjetische Besatzungsmacht, die in ihrer Besatzungszone und in Ostberlin die Ostmark eingeführt hatte, ab dem 24.06.1948 mit der Sperrung aller Land-, Eisenbahnwege und Wasserstraßen von Westdeutschland nach Berlin.*

☐ *Die USA und Großbritannien ließen jedoch ständig ihre Flugzeuge nach Westberlin einfliegen (= „Luftbrücke"), um die Westberliner Bevölkerung mit Lebensmitteln, Kohle und anderen Gütern zu versorgen.*

Aufgabe 11: *Beantworte die folgenden Fragen in deinem Heft/in deinem Ordner:*

a) *Warum sperrte die sowjetische Besatzungsmacht ab dem 24.06.1948 alle Land-, Eisenbahn- und Wasserstraßen von Westdeutschland nach Berlin?*

b) *„Rosinenbomber" – was ist damit gemeint?*

KOHL VERLAG Deutsche Geschichte 1945 bis heute
Ein informativer Überblick – Bestell-Nr. 12 173

Aufgabe 12: *Für die „Luftbrücke" nach Westberlin standen den Westalliierten drei Luftkorridore zur Verfügung:*

- *Hamburg nach Westberlin*
- *Hannover nach Westberlin*
- *Frankfurt/Main nach Westberlin*

Zeichne die drei Luftkorridore in der Karte ein. Schlage notfalls in einem Atlas nach.

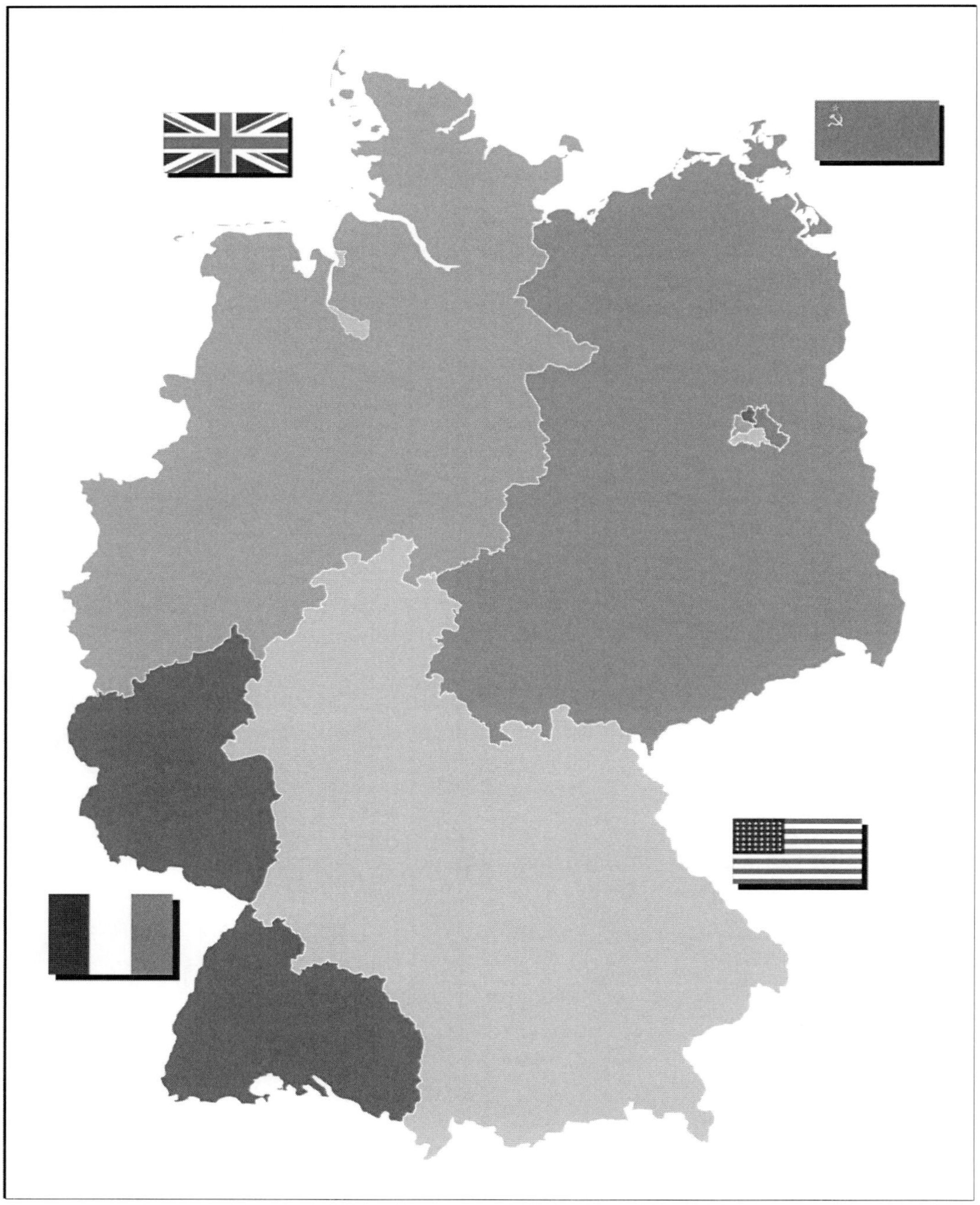

Aufgabe 13: *Wie bewertest du die Berlin-Blockade durch die sowjetische Besatzungsmacht?*

Aufgabe 14: *Wie beurteilst du die „Luftbrücke" durch die USA und Großbritannien?*

4 Zwei deutsche Staaten entstehen

Die Entstehung der Bundesrepublik Deutschland (BRD)

Aufgabe 1: *Setze die folgenden Wörter in den anschließenden Sätzen an der richtigen Stelle ein:*

Abgeordneten • Bayern • Bonn • Frankreich • Gegenstimmen • genehmigten • Grundgesetz • Hauptstadt • Bundeskanzler • Nationalversammlung

a) 1948 einigten sich die USA, Großbritannien und ____________________ darauf, einen (west)deutschen Teilstaat entstehen zu lassen.

b) Am 1.7.1948 erteilten der US-amerikanische, der britische und der französische Militärgouverneur in Frankfurt/Main den elf Ministerpräsidenten der drei westdeutschen Besatzungszonen den Auftrag, alsbald eine verfassungsgebende deutsche ________________________________ einzuberufen.

c) Ab September 1948 tagte in der deutschen Stadt ______________ der gebildete Parlamentarische Rat.

d) Dieser setzte sich zusammen aus 65 deutschen ____________________, davon jeweils 27 Delegierte der CDU/CSU und der SPD.

e) Der Parlamentarische Rat ließ eine Verfassung erarbeiten, die die Bezeichnung ______________________ erhielt. Erst in einem vereinigten Deutschland sollte es eine Verfassung geben.

f) Am 08.05.1949 beschloss der Parlamentarische Rat mit 53 Fürstimmen und 12 ____________________ das Grundgesetz.

g) Ein Tag später wählten die Abgeordneten des Parlamentarischen Rates die Stadt Bonn zur ____________________.

h) Der US-amerikanische, der britische und der französische Militärgouverneur ______________________ das Grundgesetz.

i) Mit Ausnahme von ______________________ stimmten die Parlamente in den anderen zehn westdeutschen Bundesländern dem Grundgesetz zu.

j) Am 23.05.1949 verkündete der Präsident des Parlamentarischen Rates (= Konrad Adenauer, der spätere deutsche ______________________), dass nunmehr die Bundesrepublik Deutschland bestand und das Grundgesetz in Kraft getreten war.

Konrad Adenauer

Das Grundgesetz der BRD

Im ersten Abschnitt des Grundgesetzes werden die Grundrechte der Menschen genannt. Zu den Grundrechten gehören beispielsweise das Recht auf Leben, Eigentum, Bildung, die Meinungsfreiheit, die Pressefreiheit, die Religionsfreiheit oder die Gleichheit vor dem Gesetz. Gemäß dem Grundgesetz wird jedem politisch Verfolgten in der Bundesrepublik Deutschland Asyl (= Zuflucht, Schutz) gewährt.

Im Weiteren regelt das Grundgesetz vor allem die politische Ordnung der Bundesrepublik Deutschland: Die BRD ist ein demokratischer Staat, der in Bundesländer aufgeteilt ist. Die Bundesländer regeln manche Dinge eigenständig (u. a. das Schulwesen).

In der BRD wird die Gewaltenteilung verwirklicht. Auf oberster Ebene üben der Bundestag und der Bundesrat die gesetzgebende Gewalt (= Legislative) aus, die Bundesregierung und die Bundesverwaltung die ausführende Gewalt (= Exekutive) sowie die Bundesgerichte die richterliche Gewalt (= Judikative). Die Abgeordneten des Bundestages gehen aus Bundestagswahlen hervor, die Abgeordneten des Bundesrates aus den Wahlen der Parlamente in den einzelnen Bundesländern. Der vom Bundestag gewählte Bundeskanzler ist der Leiter (= Regierungschef) der Bundesregierung. An der Spitze (= Staatsoberhaupt) der BRD steht der von der Bundesversammlung gewählte Bundespräsident. Im Vergleich zum Reichspräsidenten in der Zeit der Weimarer Republik (1919-1933) hat der Bundespräsident weniger Macht und Einfluss.

Aufgabe 2: *Stelle in einer Mind-Map den im vorherigen Text angesprochenen Inhalt des Grundgesetzes dar.*

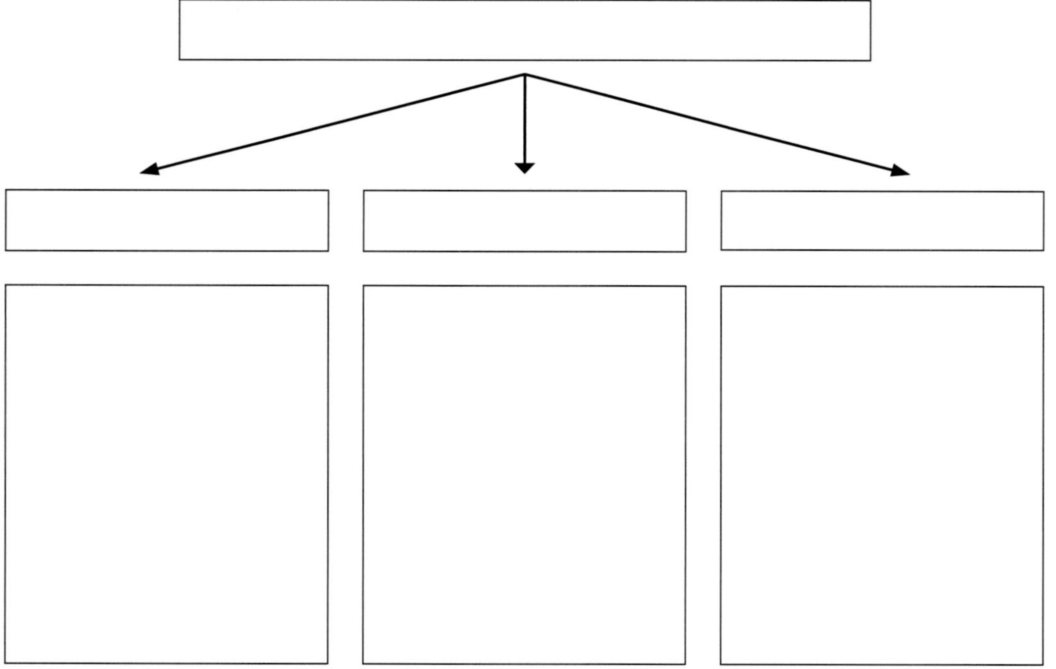

Die Gründung der Deutschen Demokratischen Republik (DDR)

Berlin, DDR-Gründung, 9. Volksratsitzung 1949

Im Herbst 1949 entstand aus der sowjetischen Besatzungszone (SBZ) und dem sowjetischen Besatzungssektor in Berlin (Ostberlin) die Deutsche Demokratische Republik (DDR). Schon vorher waren die Entscheidungen und Vorbereitungen dafür getroffen worden von sowjetischer Seite und führenden ostdeutschen Politikern, die sozialistische und kommunistische Vorstellungen vertraten. Die erst nach der Entstehung der Bundesrepublik Deutschland (BRD) erfolgte Gründung der Deutschen Demokratischen Republik (DDR) diente der Sowjetunion und führenden ostdeutschen Politikern als Behauptung, die Spaltung Deutschlands sei (allein) von westlicher Seite ausgegangen.

Als offizieller Gründungstag der DDR gilt der 7.10.1949. An diesem Tag trat der Volksrat als provisorische Volkskammer der DDR zusammen und rief die Deutsche Demokratische Republik aus. Auch wurde die sogenannte „Verfassung der Deutschen Demokratischen Republik" in Kraft gesetzt, die schon Ende Mai 1949 beschlossen war. Diese Verfassung basierte auf einem Entwurf der Partei SED aus dem Jahr 1946. Laut ihrer Verfassung von 1949 galt die DDR als ein demokratischer Staat. Ostberlin wurde zur Hauptstadt der DDR erklärt.

Aufgabe 3: *Fülle mit Hilfe deines Wissens zur BRD und DDR die folgende Tabelle aus.*

	BRD	**DDR**
Gründungstag		
Name des Parlaments		
Hauptstadt		
Name der Verfassung		

Aufgabe 4: *Beantworte die folgenden Fragen:*

a) Aus welchen Gebieten entstand die Deutsche Demokratische Republik?

b) Was für ein Staat war die Deutsche Demokratische Republik laut ihrer Verfassung von 1949?

c) Woraus ging die Verfassung der Deutschen Demokratischen Republik hervor?

d) Welche Rolle spielte die Sowjetunion bei der Gründung der Deutschen Demokratischen Republik?

Aufgabe 5: *Was meinst du zu der Behauptung, die Spaltung Deutschlands sei (allein) von westlicher Seite ausgegangen?*

KOHL VERLAG Deutsche Geschichte 1945 bis heute – Ein informativer Überblick – Bestell-Nr. 12 173

Deutsche Geschichte 1945-1949 auf Bildern

Bild 2: Wiederaufbau mit Hilfe des Marshall-Plans

Bild 3: Ein US-amerikanisches Flugzeug versorgt Berlin („Luftbrücke“)

Bild 4: Das Bundeshaus in Bonn

Aufgabe 6: *Was kannst du zum Inhalt der vier Bilder sagen? Erkläre näher, in welchem Zusammenhang sie mit der deutschen Geschichte stehen. Schreibe in dein Heft/deinen Ordner.*

KOHL VERLAG Deutsche Geschichte 1945 bis heute – Ein informativer Überblick – Bestell-Nr. 12 173

Deutschland 1945-1949 – ein Rätsel

Aufgabe 7: *Löse das Rätsel. Das Lösungswort bezeichnet ein Ereignis, das erst 41 Jahre nach der Teilung Deutschlands erfolgte.*

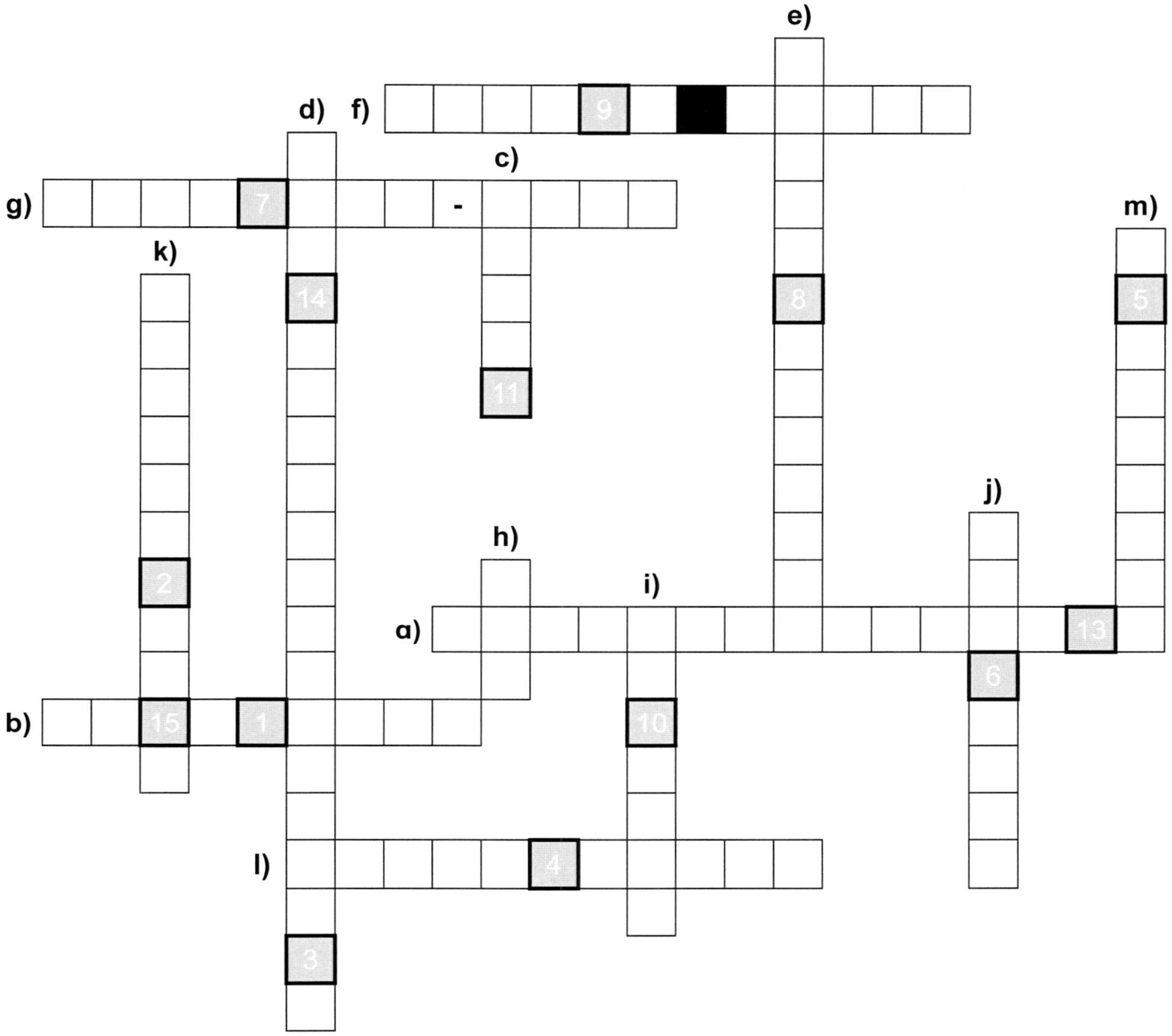

Lösungswort:

a) Nach dem 2. Weltkrieg wurde Deutschland aufgeteilt in vier …
b) Das wurde gefestigt im … Abkommen.
c) Deutschland musste im Osten Gebiete abtreten z. B. in …
d) „Denazifizierung" bedeutet(e) die Befreiung vom …
e) Welche Bezeichnung erhielten Frauen, die die Kriegstrümmer beseitigten?
f) Wie wird der Ost-West-Konflikt noch bezeichnet?
g) Wie heißt das Wirtschaftswiederaufbauprogramm der USA?
h) Wie hieß die führende Partei in der DDR?
i) Wie wird der Zusammenschluss der drei westlichen Besatzungszonen auch genannt?
j) In der sogenannten Berlin - … sperrte die sowjetische Besatzungsmacht alle Wege und Straßen von Westdeutschland nach Berlin.
k) Die Verfassung der BRD hieß und heißt noch heute …
l) Die DDR war stark abhängig von der …
m) Als Hauptstadt der DDR galt …

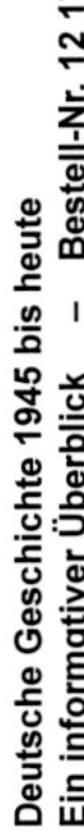

Die DDR – ein demokratischer Staat?

Nach der Staatsgründung im Oktober 1949 wurde in der DDR eine sozialistische Herrschaft errichtet und gefestigt. Die DDR bezeichnete sich selbst als:

- „Volksdemokratie“,
- „sozialistischer Staat“,
- „Arbeiter- und Bauernstaat“.*

Die Staatsführung der DDR orientierte sich an der Sowjetunion und deren Ausrichtung an der „Diktatur des Proletariats“ (= Herrschaft der Arbeiter). Die Zielsetzung geht auf Karl Marx (1818-1883) zurück, der als Endziel eine klassenlose Gesellschaft (= Kommunismus) vorgab. In der DDR gab es neben der Sozialistischen Einheitspartei Deutschlands (SED) noch vier weitere Parteien:

- die Christlich-Demokratische Union (CDU),
- die Liberal-Demokratische Partei Deutschlands (LDPD),
- die Nationaldemokratische Partei Deutschlands (NDPD),
- die Demokratische Bauernpartei Deutschlands (DBD).

Walter Ulbricht

Jedoch hatte die SED in der DDR eindeutig die Führung, indem sie den Staat lenkte. Zusammen mit den vier genannten anderen Parteien bildete die SED die sogenannte „Nationale Front“. Die Volkskammer war formal die Vertretung des Volkes. Die Abgeordneten der Volkskammer gingen aus Wahlen der DDR-Bürger hervor. Die DDR-Bürger hatten dabei aber nur die Möglichkeit, zu einer vorgegebenen Einheitsliste mit „Ja“ oder „Nein“ zu stimmen. Eine geheime Wahl in Wahlkabinen gab es in der DDR nicht. Die allermeisten Abgeordneten in der Volkskammer waren SED-Mitglieder. Außer den Abgeordneten der CDU, LDPD, NDPD und DBD waren in der Volkskammer Delegierte von Massenorganisationen wie der Freie Deutsche Gewerkschaftsbund (FDGB), die Freie Deutsche Jugend, der Demokratische Frauenbund Deutschlands (DFD) ... vertreten.

Nicht nur in der Volkskammer besaß die SED die Macht, sondern auch im Ministerrat (Regierung der DDR) und im Staatsrat (kollektives Staatsoberhaupt der DDR). Der eigentliche Machtinhaber in der DDR war bis 1971 Walter Ulbricht, von 1971 bis 1989 Erich Honecker. Das im Jahr 1950 geschaffene Ministerium für Staatssicherheit („Stasi“) überwachte mit ihren vielen offiziellen und inoffiziellen Mitarbeitern („Spitzel“) die DDR-Bürger. Wer eine andere politische Einstellung als die DDR-Staatsführung hatte und diese als Meinung öffentlich äußerte, musste mit harten Strafen rechnen.

Erich Honecker

Aufgrund einer Verwaltungsreform war die DDR ab 1952 in 14 Bezirke aufgeteilt. Diese Bezirke erhielten ihre Anordnungen von der DDR-Staatsführung, die ihren Hauptsitz in Ostberlin hatte.

*Nach der Verfassung von 1968 war die DDR „ein sozialistischer Staat deutscher Nation“, nach der Verfassung von 1974 ein „sozialistischer Staat der Arbeiter und Bauern“.

KOHL VERLAG Deutsche Geschichte 1945 bis heute Ein informativer Überblick – Bestell-Nr. 12 173

5 Geschichte der DDR

Aufgabe 1: *Bilde mit folgenden Satzanfängen vollständige Sätze:*

a) Die DDR ______________________________

b) Vorbild der DDR war ______________________________

c) Die Zielsetzung „Diktatur des Proletariats“ ______________________________

d) In der DDR existierten fünf ______________________________

e) Die SED war die ______________________________

f) In der Volkskammer ______________________________

g) Drei Massenorganisationen in der DDR hießen: ______________________________

____

h) Auch im Ministerrat und Staatsrat der DDR ______________________________

i) Walter Ulbricht war ______________________________

j) Erich Honecker war ______________________________

k) Die „Stasi“ ______________________________

l) Ab 1952 war ______________________________

Aufgabe 2: *Was meinst du dazu, dass sich die DDR selbst als „Volksdemokratie“ bezeichnet hat?*

____

____

____

____

____

____

____

____

Demokratie

Der Begriff „Demokratie“ stammt aus dem Griechischen und bedeutet so viel wie „Volksherrschaft“. Konkret bedeutet das, dass die politische Herrschaft grundsätzlich vom Volk ausgeht. Ein wichtiges Kriterium einer Demokratie ist, dass das Volk die Möglichkeit haben muss, einen Wechsel der Regierung herbeizuführen. Außerdem müssen Wahlen ganz bestimmten Prinzipien folgen:

Allgemein: Jeder Bürger hat das Recht zu wählen.

Gleich: Jede Stimme hat das gleiche Gewicht.

Geheim: Niemand soll feststellen können, welche Wahlentscheidung man getroffen hat.

Frei: Jeder Bürger darf frei entscheiden, ob, wen und was er wählt.

Aufgabe 3: *Wie beurteilst du das Ministerium für Staatsicherheit in der DDR? Schreibe in dein Heft/deinen Ordner.*

Deutsche Geschichte 1945 bis heute – Bestell-Nr. 12 173
Ein informativer Überblick

Zwei deutsche Staaten – zwei Flaggen

Ab 1949 bestanden zwei deutsche Staaten: die Bundesrepublik Deutschland (BRD) und die Deutsche Demokratische Republik (DDR).

Aufgabe 4: *Beschreibe die beiden Flaggen. Welche Unterschiede und welche Gemeinsamkeiten weisen sie auf? Schreibe in dein Heft/deinen Ordner.*

Deutsche Demokratische Republik

Die Flaggen beider Staaten wiesen als waagerechte Streifen die Farben Schwarz, Rot und Gold auf. Diese drei Farben waren auf den Fahnen der Deutschen zu sehen, die während der Revolution von 1848/1849 für die Einheit Deutschlands und die Freiheit kämpften. Ursprünglich stammen die drei Farben der Fahne von den Uniformen, die Soldaten (= „Lützower Jäger") in den Befreiungskriegen (1813-1815) gegen die Herrschaft Napoleons I. trugen.

Im Gegensatz zur Flagge der Bundesrepublik Deutschland befand sich in der Mitte der Flagge der Deutschen Demokratischen Republik ein Emblem. Es bestand aus drei Symbolen: Ährenkranz (= Symbol für Bauern), Hammer (= Symbol für Arbeiter) und Zirkel (= Symbol für Akademiker).

Aufgabe 5: *Warum haben die beiden Flaggen die Farben Schwarz, Rot und Gold?*

Die Bindung der Deutschen Demokratischen Republik an die Sowjetunion

Die gegründete Deutsche Demokratische Republik stand unter starkem Einfluss der Sowjetunion. An der Spitze der Sowjetunion stand der kommunistische Diktator Stalin bis zu seinem Tod im Jahr 1953. 1952 schlug Stalin den Westmächten einen unverzüglichen Friedensvertrag mit einer gesamtdeutschen Regierung vor. Gleichzeitig forderte er, dass ein wiedervereintes Deutschland neutral sein und alle Besatzungstruppen aus dem Land abgezogen werden sollten. Doch die Besatzungsmächte USA, Großbritannien und Frankreich sowie die verantwortlichen Politiker der Bundesregierung (z. B. Konrad Adenauer) gingen nicht auf diesen Vorschlag ein. Sie misstrauten der Sowjetunion, betrachteten den Vorschlag als „Störmanöver", u. a. sahen sie freie Wahlen in ganz Deutschland nicht garantiert.

Josef Wissarionowitsch Stalin

Die Sowjetunion hatte schon 1949 – als Reaktion auf den Marshall-Plan – mit den weiteren sozialistischen/kommunistischen Staaten in Osteuropa den Rat für gegenseitige Wirtschaftshilfe (englisch: comecon = Council for Mutual Economic Aid) gebildet. Mit den einzelnen kommunistischen Staaten in Osteuropa hatte die Sowjetunion nach dem Zweiten Weltkrieg zunächst bilaterale Beistandsverträge abgeschlossen. Im Jahr 1955 wurde daraus zwischen der Sowjetunion und den anderen kommunistischen Staaten (u. a. DDR) der „Vertrag über Freundschaft, Zusammenarbeit und gegenseitigen Beistand". Dieses Militärbündnis ging in die Geschichte ein als „Warschauer Pakt". 1956 wurde in der DDR aus der Volkspolizei die Nationale Volksarmee, die fortan zu den Truppen der Ostblockstaaten gehörte. In der DDR wurde die allgemeine Wehrpflicht kurz nach dem Mauerbau (1961) eingeführt.

Aufgabe 6: *Richtig oder falsch? Kreuze an.*

		Richtig	Falsch
a)	Die DDR war stark an die Sowjetunion gebunden.		
b)	Stalin starb im Jahre 1952.		
c)	Stalin machte den Westmächten den Vorschlag, Deutschland solle vereint und neutral werden.		
d)	Diesen Vorschlag lehnten die Westmächte ab.		
e)	Der Warschauer Pakt war ein wirtschaftliches Bündnis.		

Aufgabe 7: *1955 trat die BRD ebenfalls einem Militärbündnis bei. Weißt du, wie es heißt?*

____

Deutsche Geschichte 1945 bis heute
Ein informativer Überblick – Bestell-Nr. 12 173
KOHL VERLAG

Der Aufstand am 17. Juni 1953

Am 16. Juni 1953 streikten und demonstrierten in Ostberlin Arbeiter u. a. gegen die Erhöhung der Arbeitsnormen um 10 % bei gleichem Lohn. Einen Tag später kam es in Ostberlin, aber auch in anderen Städten und Orten der DDR zu einem Aufstand. Arbeiter und sonstige Bürger der DDR protestierten zum einen gegen die mangelhafte Lebensmittelversorgung und die überhöhten Preise für Lebensmittel. Im Weiteren wurden Forderungen wie Rücktritt der DDR-Regierung, freie Wahlen, Freilassung politischer Gefangener und die deutsche Wiedervereinigung erhoben.

Die Volkspolizei war zunächst hilflos gegenüber den Aufständischen. Doch dann wurde der Aufstand noch am selben Tag in Zusammenarbeit mit sowjetischen Truppen, die Panzer einsetzten, gewaltsam niedergeschlagen. Dabei gab es viele Tote und Verletzte. Etliche Aufständische wurden verhaftet. So manche davon erhielten in der DDR längere Haftstrafen. Mehrere Regimegegner wurden hingerichtet.

Die Staatsführung der DDR behauptete, der Aufstand sei von westlicher Seite aus (durch „Faschisten") initiiert, gelenkt und gefördert worden. Das entsprach jedoch nicht den Tatsachen. In der BRD wurde der 17. Juni zum gesetzlichen arbeitsfreien Gedenktag (= „Tag der Deutschen Einheit") erklärt.

Aufgabe 8: *Versetze dich in die Lage des Demonstranten. Was könnte wohl in ihm vorgegangen sein? Schreibe seine möglichen Gedanken in die Gedankenblase.*

Aufgabe 9: *Wie bewertest du den Aufstand am 17. Juni 1953 in der DDR? Schreibe in dein Heft/deinen Ordner.*

Aufgabe 10: *Was meinst du dazu, was die Staatsführung der DDR zum Aufstand am 17. Juni 1953 behauptete? Schreibe in dein Heft/deinen Ordner.*

Deutsche Geschichte 1945 bis heute – Ein informativer Überblick – Bestell-Nr. 12 173 – KOHL VERLAG

Die Wirtschaft in der Deutschen Demokratischen Republik

Im Gegensatz zur Bundesrepublik Deutschland wurde in der Deutschen Demokratischen Republik Planwirtschaft (wird auch „Zentralverwaltungswirtschaft" genannt) betrieben.

Die Ursprünge des Gedankens einer Planwirtschaft stehen in engem Zusammenhang mit einem sozialistischen Staat. Bereits im 19. Jahrhundert hatten Karl Marx (1818-1883) und Friedrich Engels (1820-1895) eine neue Wirtschaftsordnung gefordert. Sie kritisierten den Kapitalismus und die freie Marktwirtschaft, weil sie zur Ausbeutung und sozialem Elend der Arbeiter führen würden. Sie hatten die Vorstellung eines gerechten Staates und einer gerechten Wirtschaft, in der Produktionsmittel in der Regel nicht den einzelnen Unternehmern gehören sollten. Die Grundidee im Sozialismus ist es, dass alles dem Volk gehören soll. Aus diesem Grund werden in einem planwirtschaftlich organisierten Staat Betriebe verstaatlicht. Es gibt dort keine freien Unternehmen. Arbeitsplätze und Berufswahl werden vom großen Unternehmen „Staat" festgelegt.

Konkret bedeutete dies in der DDR, dass der Staat wirtschaftliche Pläne (oft Fünfjahrespläne) aufstellte, die erfüllt werden sollten. In den Plänen wurde bestimmt, welche Güter und Dienstleistungen in welchem Umfang wo produziert bzw. angeboten werden sollten. Auch wurde die jeweilige Höhe der Preise und Löhne vorgegeben. Lange Zeit wurde der Versorgung mit Lebensmitteln und der Konsumgüterindustrie zu wenig Bedeutung beigemessen. Dagegen spielten die Schwerindustrie, der Maschinenbau, die chemische Industrie, die optische Industrie und die Energiewirtschaft, die auf Braunkohle aufbaute, in der Deutschen Demokratischen Republik eine große Rolle. Häufig wurden jedoch die hoch angesetzten wirtschaftlichen Pläne nicht erreicht und mussten korrigiert werden.

In der Deutschen Demokratischen Republik dominierte eindeutig der staatliche Besitz. Sehr viele private Betriebe im Handwerk, in der Industrie, im Dienstleistungssektor sowie in der Landwirtschaft wurden verstaatlicht. Die verstaatlichten Betriebe hießen Volkseigene Betriebe (VEB). Ab 1952 erfolgte durch Zwang der Zusammenschluss der Höfe von Kleinbauern zu Landwirtschaftlichen Produktionsgenossenschaften (LPG).

Modell der Zentralverwaltungswirtschaft:
Totale staatliche Planung und Steuerung in allen Wirtschaftsbereichen

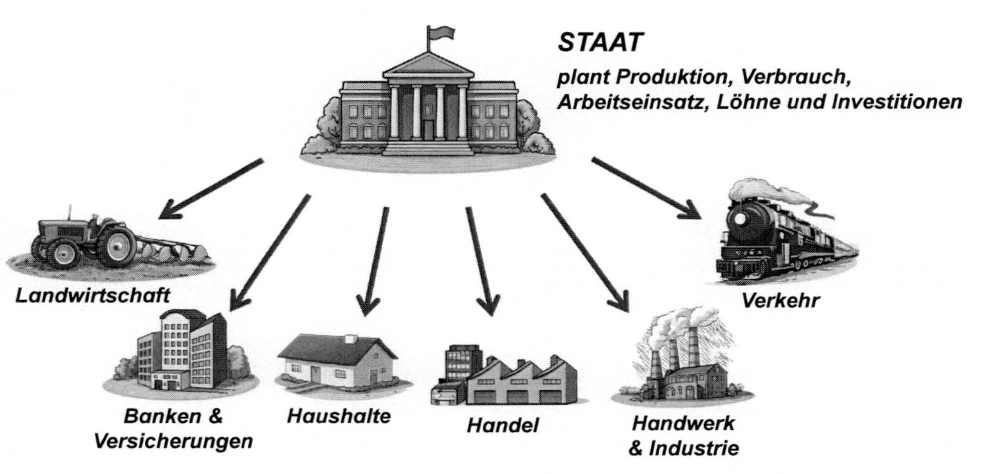

Aufgabe 11: *Erkläre mit Hilfe des Textes und des Schaubildes die Funktionsweise einer Planwirtschaft. Schreibe in dein Heft/deinen Ordner.*

Aufgabe 12: *Bearbeite die folgenden beiden Aufgaben:*

a) Ergänze den folgenden Satzanfang:

Der Grundgedanke der Planwirtschaft ______________________________

____

b) Wie findest du dieses Gegenmodell zum Kapitalismus? Schreibe in dein Heft/deinen Ordner.

Aufgabe 13: *Lies dir die beiden folgenden Berichte von ehemaligen DDR-Bürgern durch. Wie erklärst du dir diese Erfahrungen? Schreibe in dein Heft/deinen Ordner.*

„Als ehemaliger DDR-Bürger kann ich heute sagen, dass ich damals ein ganz anderes Angebot an Waren erlebte, als ich es heute kenne. Aber auch unser Einkaufsverhalten und unsere Ernährung war völlig anders. Es kam nämlich immer darauf an, was es in den Läden gerade gab. Man kaufte das, was gerade da war. Zwar mussten wir nicht hungern, denn Grundnahrungsmittel wie Kartoffeln oder Milch waren relativ günstig. Und meistens war davon auch genug vorhanden. Nur manchmal kam es vor, dass grundlegende Lebensmittel knapp wurden, weil sie nicht in ausreichender Menge zur Verfügung standen, zum Beispiel Obst und Gemüse. Aber exotische Früchte wie Bananen oder Apfelsinen gab es oft überhaupt nicht. Und wenn es sie gab, dann hieß es Schlange stehen vor den Geschäften. Auch elektronische Geräte wie Kühlschränke oder Fernseher bekam man nicht so einfach. Auf ein Auto musste man oft 12 bis 15 Jahren warten. Konsumgüter waren halt Mangelware. Wenn wir mal Werbung im Westfernsehen schauten, saßen wir begierig vor dem Fernseher."

„Unter den Bewerbern, so auch mir, wurden die einzelnen Parzellen aufgeteilt. Pro Neubauer durften nicht mehr als acht Hektar verteilt werden. So kam ich an siebeneinhalb Hektar Ackerland, das aber auf fünf weit auseinanderliegenden Stellen verteilt war. Da stand ich nun mit meinem bisschen Land und musste sehen, wie ich damit zurechtkam. Aber das war nicht alles. Ich durfte nicht frei entscheiden, was ich anbauen wollte und wofür der Boden am besten geeignet war. Ich musste Mais und Getreide anbauen. Für die Feldarbeit hatten wir nur ein einziges Pferd bekommen."

(Ein Neubauer, dem im Zuge der Bodenreform Land zugeteilt wurde.)

Deutsche Geschichte 1945 bis heute – Ein informativer Überblick – Bestell-Nr. 12 173
KOHL VERLAG

Die Jugendweihe

Ab Mitte der 50er Jahre wurde in der Deutschen Demokratischen Republik anstelle der evangelischen Konfirmation und der katholischen Firmung von staatlicher Seite die Jugendweihe eingeführt. Die Jugendweihe war ein feierliches Fest. Dabei wurde von den Heranwachsenden im Alter von etwa 14 Jahren verlangt, sich in einem Gelöbnis zum Staat zu bekennen. Wer sich der Jugendweihe zu entziehen versuchte, musste mit negativen Folgen rechnen: Diese Personen bekamen beispielsweise keine gewünschte Lehrstelle oder keine Erlaubnis zum Besuch einer höheren Schule bzw. ihnen wurde das Studium verboten.

In einem Gelöbnis zur Jugendweihe hieß es:

Frage: *„Liebe junge Freunde!*

Seid ihr bereit, als treue Söhne und Töchter unseres Arbeiter- und Bauernstaates für ein glückliches Leben des ganzen deutschen Volkes zu arbeiten und zu kämpfen, so antwortet mir!“

Antwort: *„Ja, das geloben wir!“*

Frage: *„Seid ihr bereit, mit uns gemeinsam eure ganze Kraft für die große und edle Sache des Sozialismus einzusetzen, so antwortet mir!“*

Antwort: *„Ja, das geloben wir!“*

Frage: *„Seid ihr bereit, für die Freundschaft der Völker einzutreten und mit dem Sowjetvolk und allen friedliebenden Menschen der Welt den Frieden zu sichern und zu verteidigen, so antwortet mir!“*

Antwort: *„Ja, das geloben wir!“*

Wir haben euer Gelöbnis vernommen, ihr habt euch ein hohes und edles Ziel gesetzt. Ihr habt euch eingereiht in die Millionenschar der Menschen, die für Frieden und Sozialismus arbeiten und kämpfen. Feierlich nehmen wir euch in die Gemeinschaft aller Werktätigen in unserer Deutschen Demokratischen Republik auf und versprechen euch Unterstützung, Schutz und Hilfe.
*Gemeinsam mit vereinten Kräften – vorwärts!***

*** Aus: Hans Ebeling, Wolfgang Birkenfeld: Die Reise in die Vergangenheit – ein geschichtliches Arbeitsbuch; Sonderband Geschichte der deutschen Teilung 1945-1990, Braunschweig 1992; S. 78*

Aufgabe 14: *Zähle stichpunktartig auf, was die Heranwachsenden in der Jugendweihe geloben mussten. Schreibe in dein Heft/deinen Ordner.*

Aufgabe 15: *Welches Ziel verfolgte der Staat mit der Jugendweihe? Schreibe in dein Heft/deinen Ordner.*

Aufgabe 16: *Was hältst du von der damaligen Jugendweihe? Begründe deine Meinung. Schreibe in dein Heft/deinen Ordner.*

KOHL VERLAG
Deutsche Geschichte 1945 bis heute
Ein informativer Überblick – Bestell-Nr. 12 173

Das Leben der Menschen in der Deutschen Demokratischen Republik

In der Deutschen Demokratischen Republik (DDR) lebten die Menschen nicht in Freiheit. Sie mussten nach den Vorstellungen und Vorgaben der sozialistisch-kommunistisch eingestellten Staatsführung leben, wurden unterdrückt. Die Bevölkerung der DDR wurde durch den Staatssicherheitsdienst („Stasi") überwacht und kontrolliert. Vom Volk wurde eine sozialistische Lebensweise verlangt. Schon in den Kindergärten wurden die Heranwachsenden im Sinne der sozialistischen-kommunistischen Weltanschauung erzogen. Ein besonderer Wert wurde in der Erziehung auf das gemeinschaftliche Handeln und Einsetzen für den Staat gelegt.

Die Versorgung der Bevölkerung in der DDR mit Lebensmitteln und Konsumgütern war teilweise sehr eingeschränkt. Die Menschen lebten in der Regel in relativ einfachen, bescheiden eingerichteten Wohnungen, in Städten des Öfteren in sogenannten Plattenbausiedlungen. Dagegen wohnten die Personen der politischen Führungsspitze der DDR mit ihren Familien nördlich von Berlin in Wandlitz abgeschirmt in weitaus besseren Häusern und waren sehr gut versorgt mit Lebensmitteln sowie Konsumgütern. Die DDR-Bevölkerung durfte nur mit Genehmigung ins Ausland reisen, in der Regel nur in sozialistisch-kommunistische Staaten in Osteuropa. In die BRD durften gewöhnlich lediglich Rentner der DDR reisen.

Aufgabe 17: *Warum durften DDR-Bürger deiner Meinung nach in der Regel nicht in den Westen reisen?*

____

____

____

____

____

Aufgabe 18: *Heute gibt es einige Menschen, die rückblickend sagen, dass in der DDR nicht alles negativ war. Sie führen beispielsweise folgende Argumente an:*

- *Die Unterschiede zwischen den Einkommen waren viel geringer als in der BRD bzw. heute.*
- *Es wurden bei der medizinischen Versorgung keine sozialen Unterschiede gemacht.*
- *Es gab Kinderbetreuung für alle.*
- *Die Wohnungsmieten waren gering.*
- *Jeder hatte das Recht auf Arbeit.*

Diskutiert in der Klasse über die folgenden Fragen:

– *War das Leben in der DDR negativ?*
– *War das Leben vielleicht sogar besser als in der damaligen BRD bzw. im heutigen Deutschland?*

KOHL VERLAG Deutsche Geschichte 1945 bis heute – Ein informativer Überblick – Bestell-Nr. 12 173

Der Mauerbau 1961

Ab dem 13.08.1961 ließ die Staatsführung der DDR unter der Leitung von W. Ulbricht eine Mauer um Ostberlin herum erbauen. Außerdem wurde durch die DDR-Staatsführung die Grenze zur BRD zunehmend verstärkt und abgeriegelt. Mit diesen Maßnahmen verhinderten die Verantwortlichen der DDR die weitere Flucht vieler DDR-Bürger nach Westen. Die DDR-Staatsführung bezeichnete die Abriegelung der Grenzen nach Westen als „antifaschistischen Schutzwall“. Die DDR-Bürger müssten vor den „Faschisten“ (= Menschen mit antidemokratischer, nationaler Gesinnung) in der BRD geschützt werden.

Blick auf die Mauer von Westberlin aus, 1986

Die große Masse der DDR-Bevölkerung fand sich damit ab, ja musste sich abfinden mit der Abriegelung der Grenzen nach Westen (= „Eiserner Vorhang“). Trotzdem wagten immer wieder DDR-Bürger den Fluchtversuch nach Westen. Bei sehr großer Gefahr gelang manchen DDR-Bürgern die Flucht in die BRD oder nach Westberlin (z. B. durch Tunnel, mit Hilfe von Heißluftballons, versteckt in Fahrzeugen). Anderen DDR-Bürgern missglückte die Flucht. So wurden etliche davon beim Fluchtversuch durch DDR-Grenzsoldaten erschossen oder starben durch Minen bzw. durch sonstige Selbstschussanlagen an der Grenze. Nach einer neuen Studie der Freien Universität Berlin sind über 300 Todesopfer an der DDR-Grenze nach Westen belegt.

Aufgabe 19: *Beantworte folgende Fragen:*

a) Wie bezeichnete die DDR-Staatsführung die Abriegelung der Grenzen nach Westen?

____

____

b) Welches Ziel wurde mit dem Mauerbau verfolgt?

____

____

Aufgabe 20: *Stelle dir vor, du lebtest in der DDR und dein Bruder entscheidet sich dazu, in die BRD zu fliehen. Er möchte, dass du mitkommst. Wie würdest du dich entscheiden? Schreibe in dein Heft/in deinen Ordner.*

KOHL VERLAG Deutsche Geschichte 1945 bis heute Ein informativer Überblick – Bestell-Nr. 12 173

5 Geschichte der DDR

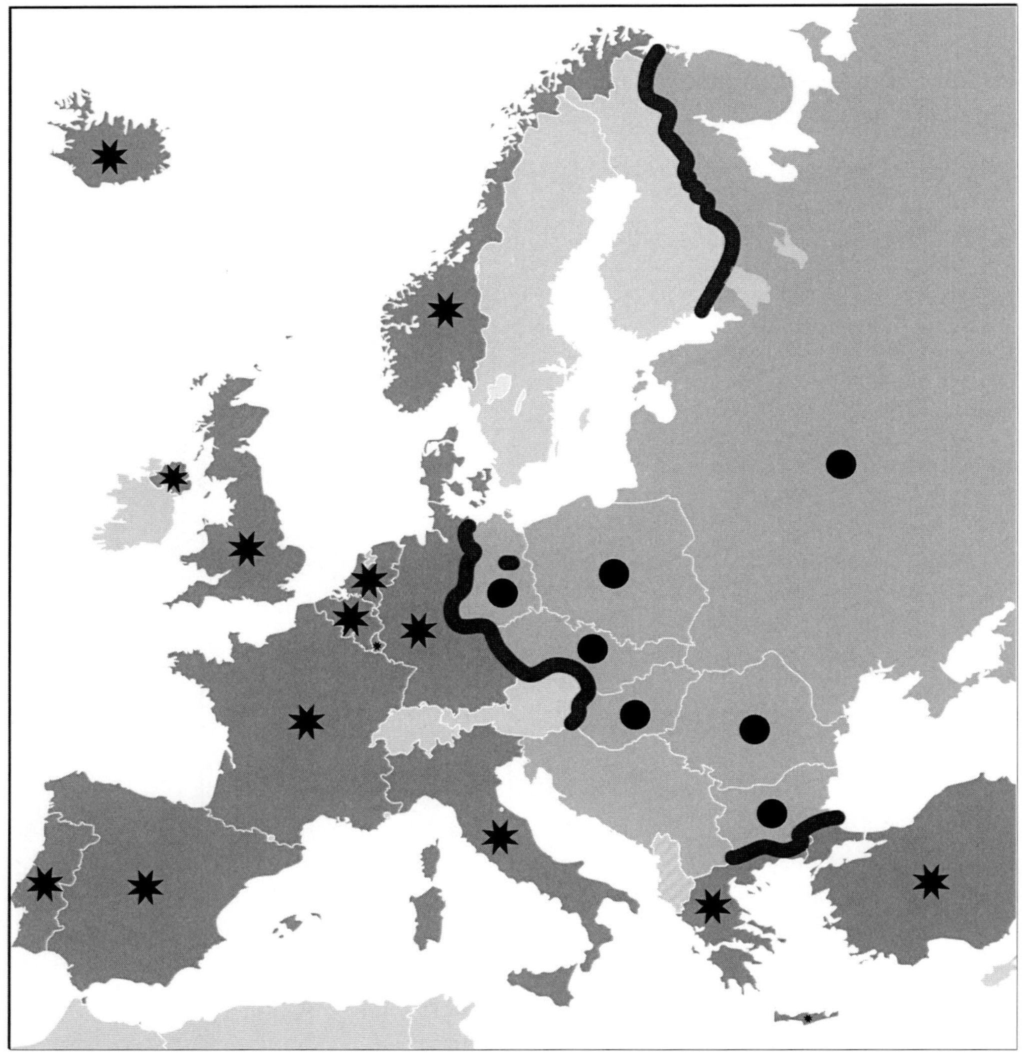

✷ = NATO-Staaten ● = Warschauer-Vertrags-Staaten

Aufgabe 21: ***a)*** *Markiere in der Karte die DDR.*

b) *Nenne mit Hilfe der Karte und gegebenenfalls eines Atlasses Beispiele für Staaten,*

- *in die DDR-Bürger vermutlich reisen durften*
- *in die DDR-Bürger vermutlich nicht reisen durften*

Geschichte live:
Juli 1971: Ruhig bewegt sich die Oberfläche des Wassers. Der Mann hat sich entschieden. Aber das Risiko ist sehr groß, denn der Weg ist sehr weit. Der Arzt (31 Jahre alt) wagt es trotzdem …

Aufgabe 22: ***a)*** *Überlegt zu zweit und schreibt auf, worum es in dem oben kurz angesprochenen Fall „Geschichte live" gehen könnte.*

b) *Notiert, wie die Geschichte weitergehen und enden könnte. Schreibe in dein Heft/deinen Ordner.*

Die Westintegration der Bundesrepublik Deutschland

Die Gründung der Bundesrepublik Deutschland ging von einer Initiative der Westmächte USA, Großbritannien sowie Frankreich aus und erforderte schließlich die Zustimmung dieser drei Besatzungsmächte. Schon von daher war die im Herbst 1949 nach den Bundestagswahlen gebildete Bundesregierung unter dem Bundeskanzler Konrad Adenauer (CDU) bestrebt, sich an die Westmächte zu binden.

Die Bundesrepublik Deutschland (BRD) akzeptierte das von den drei Besatzungsmächten USA, Großbritannien und Frankreich erlassene Besatzungsstatut. Dieses Besatzungsstatut beinhaltete weiterhin u. a. die Stationierung von alliierten Besatzungstruppen, die Zahlung von Reparationen sowie Kontrollen für die BRD. Im Deutschlandvertrag von 1952 wurde die Bindung der BRD an die Westmächte festgelegt. Dieser Vertrag sah auch die Wiedervereinigung Deutschlands vor, also den Zusammenschluss der Gebiete Westdeutschland und Ostdeutschland.

Durch die Pariser Vertrage (1954), die 1955 in Kraft traten, erhielt die Bundesrepublik Deutschland durch die Westmächte weitgehend die Selbstständigkeit (= Souveränität). Mit den Pariser Verträgen endete das Besatzungsstatut. Jedoch hatten die USA, Großbritannien und Frankreich weiterhin u. a. das Recht, Soldaten in der BRD zu behalten und auch weiterhin Entscheidungen bezüglich Berlin zu treffen. Die BRD war zu einem Partner der Westmächte geworden.

1955 wurde die BRD Mitglied des im Jahr 1949 gegründeten westlichen Verteidigungsbündnisses NATO (= North Atlantic Treaty Organization; = Nordatlantikpakt). Hintergrund war, dass die BRD im Zuge des sich verschärfenden „Kalten Krieges“ einen Verteidigungsbeitrag leisten sollte. Daraufhin kam es in der BRD zur Wiederbewaffnung, die Bundeswehr entstand. 1956 wurde in der BRD die allgemeine Wehrpflicht eingeführt.

Im Bereich der Wirtschaft war die BRD 1952 ein Gründungsmitglied der Europäischen Gemeinschaft für Kohle und Stahl (Montanunion), zu der von Anfang an auch die Staaten Frankreich, Italien, Niederlande, Belgien und Luxemburg gehörten. Man kann die Europäische Gemeinschaft für Kohle und Stahl als einen Vorläufer der Europäischen Union (EU) bezeichnen.

Flagge der NATO

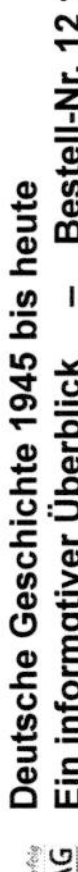

KOHL VERLAG Deutsche Geschichte 1945 bis heute
Ein informativer Überblick – Bestell-Nr. 12 173

Aufgabe 1: *Wo sind die Fehler?*

a) Jeder liest den Text (siehe vorherige Seite) für sich allein durch und streicht sich dabei die wichtigsten Aussagen an.

b) Anschließend formuliert jeder drei Aussagen zum Text, in die er absichtlich jeweils einen Fehler einbaut.

c) Dann werden die fehlerhaften Aussagen mit denen des Partners ausgetauscht. Jeder hat nun die Aufgabe, die Fehler zu finden und die Aussagen zu korrigieren.

d) Zuletzt werden die korrigierten Aussagen wieder untereinander ausgetauscht. Der jeweils andere überprüft nun, ob die Fehler gefunden und korrekt korrigiert wurden.

1. ______________________________

____

2. ______________________________

____

3. ______________________________

____

Aufgabe 2: *Beantworte folgende Fragen:*

a) Was ist mit der Bezeichnung Westintegration der Bundesrepublik Deutschland gemeint?

b) Wie verlief die Westintegration der Bundesrepublik Deutschland ab 1949 konkret?

Aufgabe 3: *Überlegt zu zweit, wie ihr die Westintegration der Bundesrepublik Deutschland beurteilt.*

Aufgabe 4: *Denkt gründlich nach: Nennt Argumente, die für die Westintegration der Bundesrepublik Deutschland sprechen und Argumente dagegen.*

Argumente pro Westintegration	Argumente contra Westintegration

Die Wirtschaft in der Bundesrepublik Deutschland

Beeinflusst durch die USA setzte sich in der Wirtschaft der Bundesrepublik Deutschland der Kapitalismus durch. Der Kapitalismus war und ist allgemein gekennzeichnet durch:

- freies Unternehmertum und freier Wettbewerb,
- privater Grundbesitz und privates Eigentum der Produktionsmittel,
- Gewinnstreben nach möglichst viel Kapital (Geld).

Ludwig Erhard, 1957

In der Bundesrepublik Deutschland wurde die soziale Marktwirtschaft entwickelt. Als Begründer der sozialen Marktwirtschaft gilt vor allem der CDU-Politiker Ludwig Erhard. Er war von 1949 bis 1963 Wirtschaftsminister und in den Jahren 1963-1966 Bundeskanzler der BRD. In der Marktwirtschaft wird der Preis von Waren und Dienstleistungen gewöhnlich durch das Verhältnis von Angebot und Nachfrage geregelt. Soziale Marktwirtschaft bedeutet: Der Staat achtet in der Wirtschaft auf soziale Gerechtigkeit und soziale Sicherheit. Dazu gehören Preiskontrollen, Verbot von Preisabsprachen, Überprüfungen des Zusammenschlusses größerer Firmen, aber auch Gesetze zum Schutz der Arbeitnehmer, Betriebsräte, Sozialhilfe für bedürftige Menschen ...

Die Bundesrepublik Deutschland erlebte von Ende der 40er-Jahre bis etwa Mitte der 60er-Jahre des 20. Jahrhunderts einen sehr großen wirtschaftlichen Aufschwung, bezeichnet als „Wirtschaftswunder". In vielen Bereichen der Wirtschaft wurde die Produktion von Waren und Gütern enorm erhöht. Dementsprechend war der Verkauf der Waren und Güter. Der Lebensstandard der Bevölkerung stieg. Verdientes Geld diente z. B. dazu, sich ein Auto zu kaufen oder sogar ein Haus zu bauen.

Aufgabe 5: *Erkläre in eigenen Sätzen den Unterschied zwischen der Wirtschaftsordnung des Kapitalismus und der Planwirtschaft der DDR, in der der Staat die gesamte Wirtschaft regelte und kontrollierte.*

____

____

____

____

Aufgabe 6: *Aber auch in der BRD greift der Staat bis zu einem gewissen Grad in die Wirtschaft ein, denn es ist eine soziale Marktwirtschaft. Erkläre.*

____

____

____

____

KOHL VERLAG Lernen mit Erfolg Deutsche Geschichte 1945 bis heute Ein informativer Überblick – Bestell-Nr. 12 173

Das „Fußballwunder von Bern“ (Geschichte live)

Am 4. Juli 1954 ist es ein regnerischer Tag in Bern, der Hauptstadt der Schweiz. Im Finale der Männer-Fußballweltmeisterschaft stehen sich im Berner Wankdorfstadion das Nationalteam der Ungarn und überraschend das der Bundesrepublik Deutschland auf dem grünen, nassen Rasen gegenüber. Die ungarische Mannschaft ist der Favorit. In einem Gruppenspiel der WM-Endrunde hat sie am 20.7.1954 in Basel hoch mit 8:3 Toren gegen das mit Ersatzspielern angetretene und schwach spielende bundesdeutsche Fußballteam gewonnen. Doch dieses Ergebnis zählt im zwei Wochen später ausgetragenen Endspiel nicht mehr. Auch am 04.07.1954 gehen die technisch guten Ungarn sehr schnell in Führung. 2:0 steht es für Ungarn bereits nach neun Spielminuten. Doch die Deutschen kommen durch Kampf ins Spiel: In der 10. Spielminute verkürzt Max Morlock auf 2:1. Acht Minuten später gelingt Helmut Rahn der 2:2-Ausgleich. Das ist auch der Halbzeitstand und es bleibt das Ergebnis bis zur 84. Spielminute. In dieser Spielminute erzielt Helmut Rahn durch einen Flachschuss das 3:2-Siegtor. Unbeschreiblicher Jubel herrscht nach Spielende bei den deutschen Zuschauern in Bern und in Deutschland. Der erstmalige Gewinn der Fußballweltmeisterschaft durch die Bundesrepublik Deutschland geht in die Geschichte ein als das „Wunder von Bern“. Dadurch verstärkt sich in der deutschen Bevölkerung allgemein das Gefühl: „Wir sind wieder wer!“

Unterschriften der deutschen Spieler

Aufgabe 7: *Am 4. Juli 1954 wirkten die Straßen wie leer gefegt, die wenigen Fernseher, die es gab, waren umlagert, während die übergroße Mehrheit die Übertragung im Radio verfolgte.*
Warum löste dieses Ereignis deiner Meinung nach bei den Deutschen eine große Begeisterung aus?

KOHL VERLAG Deutsche Geschichte 1945 bis heute
Ein informativer Überblick – Bestell-Nr. 12 173

Das Leben der Menschen in der Bundesrepublik Deutschland

Im Unterschied zur Deutschen Demokratischen Republik (DDR) führten die Menschen in der Bundesrepublik Deutschland (BRD) ein Leben in Freiheit und waren nicht bevormundet. Viele Bürger der BRD konnten froh sein und waren es in der Regel auch, nach dem Ende der nationalsozialistischen Herrschaft (1945) endlich in einem real demokratischen Staat zu leben. In der BRD bestand u. a. das Recht auf Meinungsfreiheit. Ohne Nachteile befürchten zu müssen, durften die BRD-Bürger ihre Meinung frei äußern.

Produktion des VW-Käfers, Symbol des Wirtschaftswunders

Den Menschen in der BRD kam die insgesamt gesehen sehr positive wirtschaftliche Entwicklung zugute, vor allem das „Wirtschaftswunder". Die Löhne und Gehälter der arbeitenden Bevölkerung stiegen, zugleich auch der Lebensstandard. Im Laufe der Zeit kam es in der BRD in der Arbeitswelt zu Arbeitszeitverkürzungen, die 5-Tage-Woche wurde eingeführt. Etliche Familien konnten es sich finanziell leisten, ein eigenes Haus zu bauen. Im Urlaub fuhren so manche BRD-Bürger ins Ausland (z. B. nach Italien oder Spanien). Immer mehr verschiedene Möglichkeiten der Freizeitgestaltung wurden angeboten und auch genutzt. Zahlreiche Bürger wurden im Kapitalismus wohlhabend, einige sogar sehr reich.

Ausgerechnet der „Vater des Wirtschaftswunders" Ludwig Erhard, der als Wirtschaftsminister unter Adenauer so große wirtschaftliche Erfolge erzielt hatte, konnte während seiner eigenen Kanzlerschaft (1963-1966) die wirtschaftlichen Probleme nicht in den Griff bekommen. Die Bürger der BRD hatten sich während der 50er-Jahre an eine auflebenden Wirtschaft, Vollbeschäftigung und kürzere Arbeitszeiten gewöhnt. Als die Wirtschaft ins Stocken geriet und sich die Arbeitslosenquote Mitte der 60er-Jahre erhöhte, verlor die Bevölkerung ihr Vertrauen in die Regierung. Erst unter Kurt Georg Kiesinger, dem Nachfolger von Erhard, konnte die Wirtschaftskrise überwunden werden.

Aufgabe 8: *Ergänze die folgenden Satzanfänge.*

a) Im Vergleich zur DDR ______________________________

____

b) Während des „Wirtschaftswunders" ______________________________

____

c) Mitte der 60er Jahre ______________________________

____

Aufgabe 9: *Zu einem demokratischen Staat gehört auch die Wahrung der Meinungsfreiheit. Tatsächlich gab es in der BRD eine große öffentliche Bewegung, die gegen die bestehenden Verhältnisse protestierte. Weißt du, wie sie genannt wird?*

____

KOHL VERLAG Deutsche Geschichte 1945 bis heute Ein informativer Überblick – Bestell-Nr. 12 173

Probleme in der Bundesrepublik Deutschland

Die Entwicklung in der Bundesrepublik Deutschland verlief nicht problemlos. Die BRD musste sich mit vielfältigen Problemen auseinandersetzen, die die jeweiligen Bundesregierungen vor schwierige Aufgaben stellten. Als da wären vor allem:

- Nach dem großen wirtschaftlichen Aufschwung in den 50er-Jahren und in der ersten Hälfte der 60er-Jahre galt es, wiederholt Wirtschaftskrisen zu bewältigen, die mit Arbeitslosigkeit verbunden waren.
- Die Gesellschaftsordnung der BRD stand in der Kritik. Demonstrationen von Studenten (= „68er-Generation") richteten sich u. a. dagegen, dass die staatliche Politik (zu sehr) die vermögenden Unternehmer und sonstige Kapitalisten begünstige. Der Parlamentarismus wurde durch die „Außerparlamentarische Opposition" (APO) in Frage gestellt, ja abgelehnt. Die Bildung von direkt gewählten Räten wurde gefordert. Hauptsächlich in den 70er-Jahren versuchte die linksradikale Terroristengruppe Rote Armee Fraktion (RAF) mit Attentaten auf Politiker und Führungspersonen aus der Wirtschaft sowie der Justiz, die Ordnung der BRD umzustürzen.
- Zunehmend wurden Forderungen nach dem Schutz der Natur und der Umwelt erhoben. Ende der 70er-Jahre entstand die Ökologiebewegung. Im Jahr 1980 kam es zur Gründung der Partei „Die Grünen", der es 1983 gelang, erstmals in den Bundestag einzuziehen.
- Zu massiven Protesten und Widerständen kam es in der BRD gegen den Bau sowie die Lagerung von Atommüll.
- Ebenfalls engagierten sich zahlreiche Menschen in der Friedensbewegung. So z. B. protestierten BRD-Bürger gegen die Wiederbewaffnung der BRD (= Bundeswehr) in den 50er-Jahren und Anfang der 80er-Jahre gegen die Nachrüstung aufgrund des NATO-Doppelbeschlusses. Der NATO-Doppelbeschluss von Ende 1979 sah die Stationierung von neuen atomaren Mittelstreckenraketen der USA in Europa vor, sofern die Abrüstungsverhandlungen mit der Sowjetunion misslingen sollten.

Aufgabe 10: *Richtig oder falsch? Kreuze an und verbessere die falschen Aussagen in deinem Heft/in deinem Ornder.*

		Richtig	Falsch
a)	Durch Wirtschaftskrisen kam es in der BRD zu Arbeitslosigkeit.		
b)	Studenten (= „68er-Generation") kritisierten die bestehende Gesellschaftsordnung in der BRD.		
c)	APO war die Abkürzung für die „Außerparlamentarische Organisation".		
d)	Die Rote Armee Fraktion war rechtsradikal eingestellt.		
e)	Schon bald nach ihrer Gründung schaffte die Partei „Die Grünen" den Einzug in den Bundestag.		
f)	Der Bau von Atomkraftwerken wurde in der BRD nicht kritisiert.		
g)	Die Einführung der Bundeswehr wurde in der BRD durchweg begrüßt.		

KOHL VERLAG Deutsche Geschichte 1945 bis heute Ein informativer Überblick – Bestell-Nr. 12 173

Zusammenfassung: Unterschiede zwischen der BRD und der DDR

Aufgabe 11: *Du hast nun einige Dinge über die Geschichte der BRD und der DDR erfahren. Fülle die Tabelle mit Hilfe deines Wissens aus.*

	BRD	DDR
Herrschaftsform		
Bündnispartner		
Gesellschaftsordnung		
Wirtschaftssystem		

Aufgabe 12: *Die unterschiedlichen Gesellschaftsordnungen in den beiden Staaten hatten Auswirkungen auch auf das Leben der Jugendlichen. Welche Aussagen könnten sich auf Jugendliche in der BRD und welche auf Jugendliche in der DDR beziehen? Trage die Aussagen auf der richtigen Seite in der Tabelle ein.*

„Bei uns gab es viele Jugendclubs."

„Wir mussten zur Jugendweihe."

„Uns wurde viel Freiraum gegeben."

„Wir hatten relativ viel Freizeit."

„Die politische Erziehung spielte eine große Rolle bei uns."

„Zumindest in den Städten gab es eine große Auswahl an Diskotheken."

„Ca. 75-80 % der Jugendlichen waren in der Freien Deutschen Jugend (FDJ) organisiert."

„Wir hatten eher weniger Freizeit."

„Wir gingen zur Kommunion bzw. zur Konfirmation."

„Bei uns prägten viele Jugendsubkulturen wie Punks, Skins, Popper das Straßenbild."

Jugendliche in der BRD	Jugendliche in der DDR

Deutsche Geschichte 1945 bis heute
Ein informativer Überblick – Bestell-Nr. 12 173
KOHL VERLAG

7 Deutsch-deutsche Beziehungen

Das deutsch-deutsche Verhältnis am Beispiel des Sports

Zwischen der BRD und der DDR entstand mit der Zeit zunehmend Konkurrenz auch im Sport. Nach dem Zweiten Weltkrieg nahm im Jahr 1952 erstmals wieder ein deutsches Team an den Olympischen Spielen teil, das der BRD, jedoch keins aus der DDR. An den Olympischen Spielen 1956 beteiligte sich zum ersten Mal eine gesamtdeutsche Mannschaft, bestehend aus BRD- und DDR-Sportlern. Ebenfalls gab es bei den Olympischen Spielen 1960 und 1964 ein gesamtdeutsches Team. Damals ging man im Sport noch weitgehend von einer Einheit Deutschlands aus, obwohl zwei deutsche Staaten existierten.

Briefmarke, herausgegeben 1975

Ab dem Jahr 1968 waren die BRD und die DDR unabhängig voneinander mit jeweils einer Mannschaft bei den Olympischen Spielen vertreten. Die Staatsführung der DDR ging es mehr und mehr darum, im Sport die Überlegenheit des Sozialismus gegenüber dem Kapitalismus zu demonstrieren. Die Sportfunktionäre achteten bei Sportveranstaltungen besonders darauf, dass es zwischen Sportlern der DDR und der BRD nicht zu freundschaftlichen Kontakten kam.

Die DDR sah und nutzte die Möglichkeit, auf dem Gebiet des Sports internationales Ansehen zu gewinnen. Die BRD wiederum war nicht dazu bereit, die DDR als Staat anzuerkennen. Diese Anerkennung verwehrte die BRD zunächst hartnäckig und verbot sogar das Hissen der DDR-Fahne bei Wettbewerben.

Die DDR überholte die BRD mit Erfolgen im Leistungssport. Dabei setzte die DDR auch zweifelhafte Mittel wie Doping oder Drill ein. Bei den Olympischen Spielen in den siebziger und achtziger Jahren erzielten die DDR-Sportler mehr Erfolge als die Aktiven der BRD. So belegte die DDR bei den Olympischen Sommerspielen 1988 in Seoul im Medaillenspiegel den zweiten Rang hinter der Sowjetunion, noch vor den USA. Bei dieser Olympiade nahm die BRD im Medaillenspiegel den fünften Rang ein.

Aufgabe 1: *Warum war der DDR-Führung der Erfolg bei den Olympischen Spielen so wichtig?*

KOHL VERLAG Deutsche Geschichte 1945 bis heute – Ein informativer Überblick – Bestell-Nr. 12 173

Neue Ostpolitik ab 1969

OST-WEST-POLITIK

11. Dezember 1973:

____

zwischen: ______________________

und ______________________

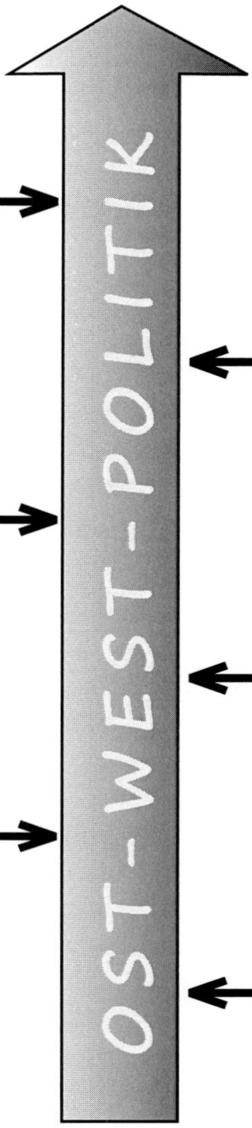

21. Dezember 1972:

____

zwischen: ______________________

und ______________________

17. Dezember 1971:

____

zwischen: ______________________

und ______________________

3. September 1971:

____

zwischen: ______________________

und ______________________

7. Dezember 1970:

____

zwischen: ______________________

und ______________________

12. August 1970:

____

zwischen: ______________________

und ______________________

Aufgabe 2: *In den 70er-Jahren kam es zu einer Annäherung zwischen dem West- und dem Ostblock. Recherchiere im Internet, welche Verträge in diesem Zusammenhang abgeschlossen wurden. Trage die folgenden Stichwörter anschließend an der richtigen Stelle ein. Recherchiere auch, zwischen welchen Staaten die Verträge jeweils abgeschlossen wurden.*

Grundlagenvertrag • Warschauer Vertrag • Transitabkommen • Prager Vertrag • Moskauer Vertrag • Viermächteabkommen

Aufgabe 3: *Informiere dich nun zu einem Vertrag deiner Wahl näher und schreibe deine Ergebnisse auf. Schreibe in dein Heft/deinen Ordner.*

Deutsche Geschichte 1945 bis heute
Ein informativer Überblick – Bestell-Nr. 12 173

7 Deutsch-deutsche Beziehungen

Im „Kalten Krieg“ zwischen den Westmächten und den Ostblockstaaten standen sich die BRD und die DDR lange Zeit als Gegner feindlich gegenüber. Die BRD erhob Anspruch auf das Alleinvertretungsrecht für das ganze deutsche Volk und erkannte die DDR zunächst nicht an. Überhaupt wurde die DDR nach ihrer Gründung beinahe nur von sozialistisch-kommunistisch regierten Ländern völkerrechtlich anerkannt. Die DDR riegelte die Grenze nach Westberlin mit dem Mauerbau (1961), aber auch die Grenze direkt zur BRD verstärkt ab, um die weitere Flucht von Bürgern aus der DDR in den Westen zu verhindern. Die Grenzen nach Westen wurden für die DDR-Bürger zu einem nahezu unüberwindbaren Hindernis.

Erst ab 1969 suchte die neue sozialliberale Bundesregierung (= bestehend aus SPD- und FDP-Politikern) unter der Führung von Willy Brandt nach Entspannung und es kam allmählich zu besseren Beziehungen zwischen der BRD und DDR. Brandt kam zu der Überzeugung, dass die sozialistische Herrschaft vorerst nicht beseitigt und die deutsche Spaltung erst einmal nicht aufgehoben werden konnte. Stattdessen sollte die Realität akzeptiert und die Beziehungen zur DDR verbessert werden.

Willy Brandt

So kam es 1971 zum sogenannten Transitabkommen, mit dem die DDR Reiseerleichterungen für BRD-Bürger zwischen Westberlin und der BRD zustimmte. Im Jahr 1972 schlossen die BRD und die DDR miteinander den sogenannten Grundlagenvertrag ab. In diesem Vertrag wurde zwischen der BRD und der DDR als Ziel – auf der Basis der Gleichberechtigung – die Entwicklung normaler gutnachbarlicher Beziehungen vereinbart. 1973 nahm die UNO (= Vereinte Nationen) die BRD sowie die DDR als Vollmitglieder auf. Ab 1974 besaß die BRD eine ständige Vertretung in Ostberlin, die DDR eine ständige Vertretung in Bonn.

Aufgabe 4: *Verbinde, was zusammengehört.*

1961 ○	○ **Abschluss des Grundlagenvertrags**
1969 ○	○ **Ab sofort hatten beide Länder im jeweils anderen Land eine ständige Vertretung.**
1971 ○	○ **Mauerbau**
1972 ○	○ **Abschluss des Transitabkommens**
1973 ○	○ **Willy Brandt wurde Bundeskanzler.**
1974 ○	○ **Beide Staaten traten der UNO bei.**

KOHL VERLAG
Deutsche Geschichte 1945 bis heute
Ein informativer Überblick – Bestell-Nr. 12 173

7 Deutsch-deutsche Beziehungen

Die Gespräche und Verhandlungen der BRD-Politiker mit denen der DDR waren teilweise sehr schwierig, verliefen zäh. Die BRD versprach sich von der DDR mehr Entgegenkommen und Zugeständnisse. Während die BRD vor allem innerdeutsche Verbesserungen anstrebte, ging es der DDR insbesondere um ihre internationale Anerkennung und Aufwertung. Für die Hauptverantwortlichen in der DDR galt die BRD weiterhin als kapitalistischer Feind.

1972 trat zwischen der BRD und der DDR das Transitabkommen in Kraft. Es regelte den Verkehr zwischen der BRD und Westberlin. Dadurch kam es zu einer schnelleren Abwicklung des Verkehrs von und nach Westberlin. Später einigten sich die BRD und die DDR auf den Ausbau und Neubau von Transitstrecken durch die DDR zwischen dem Bundesgebiet und Westberlin. In diesem Rahmen wurden eine Autobahn zwischen Hamburg und Westberlin sowie eine zwischen Herleshausen und Westberlin gebaut.

Für so manche Zugeständnisse und Leistungen verlangte die DDR von der BRD Geld, so auch für den Ausbau und Neubau der Transitstrecken. Die BRD zahlte u. a. Geld für die Freilassung und Übersiedlung von politisch Inhaftierten aus der DDR in das Bundesgebiet bzw. nach Westberlin. Die DDR erhielt finanzielle Kredite aus der BRD. Im Jahr 1983 vermittelte die Bundesregierung über den CSU-Politiker Strauß der in finanzieller Not befindlichen DDR einen Milliardenkredit und übernahm dafür die Bürgschaft. Daraufhin ließ die Staatsführung der DDR an den Grenzen zur BRD und nach Westberlin die Selbstschussanlagen (= „Tötungsautomaten") abbauen und später die Minen entfernen.

Im Jahr 1981 war der damalige Bundeskanzler Helmut Schmidt (SPD) zum Staatsbesuch in der DDR. Sechs Jahre später besuchte Erich Honecker, die mächtigste Person der DDR, die BRD. Es kamen im Laufe der 70er- und 80er-Jahre mehrere Abkommen zwischen der DDR und der BRD zustande, darunter ein Kulturabkommen (1986), das eine Zusammenarbeit in den Bereichen der Kultur, der Kunst, der Bildung und der Wissenschaft vorsah. Insgesamt gesehen ging es der Staatsführung der DDR zuletzt in erster Linie um wirtschaftliche Kontakte zur BRD, denn die DDR hatte mit großen wirtschaftlichen und damit verbundenen finanziellen Problemen zu kämpfen.

Aufgabe 5:

a) Zu Beginn wird in der Klasse ein gemeinsamer Treffpunkt vereinbart.

b) Jeder liest nun den ersten Abschnitt des oberen Textes in Einzelarbeit und still durch. Anschließend wird das Wichtigste im Text unterstrichen. Jeder schreibt dann die zentralen Aussagen dieses Abschnittes heraus.

c) Wer mit dieser Aufgabe fertig ist, geht zu dem vereinbarten Treffpunkt und wartet dort solange, bis ein anderer Mitschüler hinzukommt.

d) Ihr tauscht nun eure Ergebnisse untereinander aus und vergleicht sie. Wenn ihr noch Fragen habt oder etwas unklar geblieben ist, könnt ihr dies mit eurem Partner besprechen.

e) Anschließend geht jeder wieder an seinen Platz zurück und wiederholt diese Arbeitsschritte mit dem zweiten Abschnitt des Textes.

f) So geht es immer weiter, bis der komplette Text gelesen und besprochen ist.

8 Zerfall der DDR und des Sozialismus

Die Vorgeschichte der Grenzöffnung am 9. November 1989

Die Grenzöffnung für die DDR-Bürger nach Westen ist mit vorherigen Ereignissen und Entwicklungen innerhalb und außerhalb der DDR zu erklären:

Michail Gorbatschow, 1986

Ab dem Jahr 1985 leitete der damals neue sowjetische Generalsekretär Gorbatschow mit den Schlagworten Glasnost (= Offenheit) und Perestroika (= Umbau, Umbildung) wesentliche Reformen in der Sowjetunion ein. Diese führten u. a. zu Demokratisierung sowie zur Annäherung zwischen den Westmächten und den Ostblockstaaten sowie letztlich zum Ende des „Kalten Krieges“ zwischen West und Ost.

Doch die Staatsführung der DDR unter der Leitung von Honecker hielt – im Gegensatz zur Sowjetunion, Polen oder Ungarn – an dem bisherigen politischen Kurs fest und war nicht zu Reformen bereit. Nachdem Ungarn die Grenze nach Österreich geöffnet hatte, nutzten im Sommer 1989 viele DDR-Bürger zunehmend die Gelegenheit, über Ungarn in den Westen zu fliehen. Unter dem Ruf „Wir sind das Volk!“ äußerten immer mehr DDR-Bürger auf großen Demonstrationen – zunächst in Leipzig, dann auch in anderen großen Städten des Landes – ihre Kritik am bestehenden Staat. Am 7. Oktober 1989 feierte die Staatsführung der DDR in Ostberlin mit Aufmärschen das 40-jährige Bestehen des Staates. Zum 40. Jahrestag der DDR kam auch Gorbatschow nach Ostberlin und trat für Reformen ein. Dabei soll er den berühmt gewordenen Satz gesprochen haben: „Wer zu spät kommt, den bestraft das Leben“. Parallel zu den Feierlichkeiten an jenem Tag gab es lautstarke Demonstrationen gegen die DDR-Staatsführung.

Am 18.10.1989 zwang das SED-Politbüro Honecker zum Rücktritt. Die Demonstrationen von DDR-Bürgern nahmen dennoch weiter zu. Am 3.11.1989 öffnete die Tschechoslowakei ihre Grenze zur BRD für DDR-Bürger. Alsbald kam es zum Rücktritt der Mitglieder des DDR-Ministerrates, die bis zur Wahl einer neuen Regierung aber noch im Amt blieben. Schließlich ordnete die DDR-Staatsführung die Öffnung der Grenzen zur BRD für DDR-Bürger an. Diese Regelung verkündete ein Mitglied des SED-Politbüros (G. Schabowski) auf einer Pressekonferenz am Abend des 9. November 1989 in Ostberlin.

Aufgabe 1: *Zähle stichwortartig auf, welche Faktoren den Mauerfall am 9. November 1989 begünstigten.*

a) ______________________________

b) ______________________________

c) ______________________________

d) ______________________________

KOHL VERLAG
Deutsche Geschichte 1945 bis heute
Ein informativer Überblick – Bestell-Nr. 12 173

Geschichte live: 10. November 1989

An der Grenze zwischen der BRD und der DDR sowie zwischen Westberlin und der DDR spielen sich schier unglaubliche Szenen der Freude ab. Viele Leute jubeln und umarmen sich. Vor und auf der Mauer am Brandenburger Tor sitzen, stehen oder tanzen Menschen. Vor etwa drei Monaten erschien es noch unmöglich, ja unvorstellbar. Nun ist es Realität geworden: Der „Eiserne Vorhang" mit der Berliner Mauer hat sich geöffnet.

Eine feiernde Menschenmenge am Brandenburger Tor

Am Abend des gestrigen Tages, also am 9. November 1989, hat der DDR-Funktionär G. Schabowski auf einer Pressekonferenz kurz vor 19:00 Uhr bekanntgegeben: Die Grenzen der DDR nach Westen sind offen. Die DDR-Bürger könnten ab sofort in die BRD und nach Westberlin reisen. Diese Bekanntgabe verbreitet sich enorm schnell. Schon in der Nacht vom 9. zum 10. November haben so manche DDR-Bürger die Grenze nach Westberlin überschritten, wo sie freudig oder sogar jubelnd empfangen worden sind. Die Grenzsoldaten der DDR haben meist nach kurzem Zögern zugelassen, dass die DDR-Bürger die Grenze passieren. Im Laufe des helllichten Tages (10.11.1989) nutzen immer mehr DDR-Staatsangehörige die Gelegenheit zu einem Kurzbesuch in Westberlin bzw. in der BRD. Etliche sind mit ihren Fahrzeugen (hauptsächlich „Trabis") unterwegs.

Aufgabe 2: *Wie könnte ein Gespräch direkt nach dem Mauerfall zwischen einem West- und einem Ostberliner ausgesehen haben?*

KOHL VERLAG Deutsche Geschichte 1945 bis heute Ein informativer Überblick – Bestell-Nr. 12 173

Aber wie kam es dazu, dass ein SED-Mitglied im Fernsehen so unerwartet die angebliche Grenzöffnung bekanntgab?

Der Ruf nach Reisefreiheit wurde unter den DDR-Bürgern immer lauter. Seit der Öffnung der ungarischen Grenze hatte eine Massenflucht in den Westen eingesetzt und die Tschechoslowakei protestierte, dass tausende DDR-Bürger über ihr Land ausreisten. Um die Lage zu beruhigen, erklärte sich die SED-Führung dazu bereit, ein neues Reisegesetz auszuarbeiten. Geplant war, dass ab sofort alle DDR-Bürger die Möglichkeit erhalten sollten, auf Antrag bis zu 30 Tage pro Jahr zu Besuchszwecken aus der DDR ausreisen zu können. Voraussetzung war allerdings ein Visum, das die meisten DDR-Bürger nicht besaßen und beantragen mussten. Dies würde mindestens vier Wochen dauern. Damit sollte ein großer Ansturm auf die Grenzübergänge vermieden werden. Diese Verordnung sollte am 10. November in den Medien bekannt gegeben werden. Bis dahin hätte man genügend Zeit gehabt, Grenzsoldaten über die neue Regelung zu informieren.

Es kam aber ganz anders: Als diese neuen Regelungen innerhalb der SED besprochen wurden, war G. Schabowski nicht anwesend und deshalb nicht ausreichend informiert. Er war es aber, der das neue Reisegesetz auf der Pressekonferenz am Abend des 9. November verkünden sollte. Als ein Journalist nachfragte, wann dieses neue Gesetz in Kraft treten solle, antwortete er stockend: „Das tritt nach meiner Kenntnis sofort in Kraft". Nachrichtensender verbreiteten die neue Ausreiseregelung und in den Westmedien sprach man bald vom Fall der Berliner Mauer. Tausende Menschen strömten an die Grenze. Die Grenzsoldaten waren mit den Menschenmassen völlig überfordert und ließen alle Menschen ohne eine Kontrolle über die Grenze.

Aufgabe 3: *Schreibe einen Zeitungsartikel mit dem Titel „Der Fall der Mauer – ein Missverständnis?", wie er am 10. November hätte erscheinen können.*

Seite 2 *Politik* *Freitag, 10. November 1989*

Der Fall der Mauer – ein Missverständnis?

___

___

___

___

___

___

___

___

___

___

___

KOHL VERLAG Deutsche Geschichte 1945 bis heute Ein informativer Überblick – Bestell-Nr. 12 173

Deutsche Geschichte 1949-1989 auf Bildern

Bild 1: Sowjetischer Panzer am 17. Juni 1953 in Berlin

Bild 3: Fluchttunnel zwischen Ost- und Westberlin

Bild 4: 12. November 1989

Aufgabe 4: *Was kannst du zum Inhalt der vier Bilder sagen? Erkläre näher, in welchem Zusammenhang sie mit der deutschen Geschichte stehen. Schreibe in dein Heft/deinen Ordner.*

Deutsche Geschichte 1945 bis heute
Ein informativer Überblick – Bestell-Nr. 12 173
KOHL VERLAG

9 Die deutsche Einigung

Von der Grenzöffnung bis zum Beitritt der DDR zur BRD

Nach der Grenzöffnung der DDR zur BRD gab es in weniger als einem Jahr gravierende Deutschland betreffende Ereignisse und damit verbundene Veränderungen. Sehr verkürzt dargestellt war der Verlauf so:

Tausende DDR-Bürger demonstrierten nach dem 9. November weiter und die SED erkannte, dass freien Wahlen nicht mehr auszuweichen war. Am 13.11.1989 wählte die Volkskammer der DDR den zu Reformen bereiten Politiker Modrow (SED) zum Vorsitzenden des Ministerrates und übertrug ihm die Aufgabe der Regierungsbildung. Auch nach der Grenzöffnung zur BRD hielten die Rufe und Forderungen der DDR-Bevölkerung nach Freiheit und Demokratie an. Dabei meldeten sich u. a. verschiedene Bürgerrechtsgruppen zu Wort. Die SED geriet unter starken Druck und verlor an Macht und Einfluss. Viele Mitglieder traten aus der Partei aus. Egon Krenz trat Anfang Dezember 1989 als Generalsekretär der SED und Vorsitzender des Staatsrates zurück. Auch andere SED-Mitglieder traten von ihren Ämtern zurück. Gespräche am „Runden Tisch“ mit Vertretern der SED, weiterer Parteien, der Kirchen, der Bürgerrechtsgruppen fanden über die Zukunft der DDR statt. Im Januar 1990 gab sich die SED endgültig den Namen „Partei des Demokratischen Sozialismus“ (PDS). Manche führende Politiker der DDR beabsichtigten, dass die DDR trotz sehr hoher Verschuldung weiterhin bestehen sollte, und erhofften sich dabei in einer Vertragsgemeinschaft mit der BRD finanzielle Unterstützung.

Doch immer lauter wurden nicht nur in der DDR-Bevölkerung die Forderungen zur Vereinigung beider deutscher Staaten. Anstelle von „Wir sind das Volk!“ hieß es nunmehr „Wir sind ein Volk!“. Verhandlungen zwischen Vertretern der DDR und BRD begannen. Am 18.3.1990 gab es in der DDR die erste freie und zugleich letzte Wahl zur Volkskammer. Im April 1990 wurde der CDU-Politiker de Maizière zum Ministerpräsidenten der DDR gewählt.

Die Gespräche und Verhandlungen zwischen den verantwortlichen Politikern der BRD und der DDR liefen darauf hinaus, eine Vereinigung beider deutscher Staaten anzustreben. Doch dazu bedurfte es der Zustimmung insbesondere der Staaten USA, Großbritannien, Frankreich und der Sowjetunion. Nach längeren sogenannten Zwei-plus-Vier-Verhandlungen wurde diese Zustimmung erreicht.

Bereits am 1.7.1990 trat die Wirtschafts-, Währungs- und Sozialunion zwischen der BRD und der DDR in Kraft. Dadurch wurde die Deutsche Mark (DM) ebenfalls Zahlungsmittel in der DDR. Es fehlte nun noch die politische Einheit. Am 3. Oktober 1990 kam es schließlich zur Unterzeichnung des sogenannten Einigungsvertrag zwischen der BRD und der DDR. Der Vertrag beinhaltete die Regelung darüber, wie die Wiedervereinigung stattfinden sollte. Die DDR trat gemäß Artikel 23 des westdeutschen Grundgesetzes der BRD bei. Im Artikel 23 des Grundgesetzes hieß es *„... in anderen Teilen Deutschlands ist es* (gemeint ist das Grundgesetz) *nach deren Beitritt in Kraft zu setzen“.* Das bedeutete, dass das bestehende westdeutsche Grundgesetz auf das gesamte Deutschland ausgeweitet wurde. Mit dem Beitritt zur BRD endete das Bestehen der DDR. Der Beitritt der DDR zur BRD wird auch als „Wiedervereinigung Deutschlands“ bezeichnet. Zu dieser „Wiedervereinigung“ trug die Bevölkerung der DDR wesentlich bei. Die „Wiedervereinigung“ ging aus einer „friedlichen Revolution“ in der DDR hervor.

9 Die deutsche Einigung

Aufgabe 1: *Richtig oder falsch? Kreuze an und korrigiere die falschen Aussagen.*

		Richtig	Falsch
a)	Von der Grenzöffnung bis zum Beitritt der DDR zur BRD dauerte es weniger als 11 Monate.		
b)	Die Abgeordneten der Volkskammer wählten kurz nach der Grenzöffnung den SPD-Politiker Modrow zum Vorsitzenden des Ministerrates.		
c)	Durch Rücktritte ihrer bisher führenden Mitglieder gewann die SED wieder an Macht und Einfluss in der DDR.		
d)	Die SED gab sich einen anderen Namen.		
e)	Die DDR war finanziell sehr hoch verschuldet.		
f)	Einige DDR-Politiker strebten 1990 eine Vertragsgemeinschaft mit der Sowjetunion an.		
g)	In der DDR gab es zweimal eine freie Wahl zur Volkskammer.		
h)	Für die Einigung beider deutscher Staaten wurde das Einverständnis der vier ehemaligen Besatzungsmächte Deutschlands benötigt.		
i)	In der DDR galt bis zum 02.10.1990 die DDR-Mark.		
j)	Die DDR-Bevölkerung hatte großen Anteil an der „Wiedervereinigung Deutschlands“.		

Aufgabe 2: *Beantworte die folgenden Fragen.*

a) *Mit dem sogenannten Zwei-plus-Vier-Vertrag wurde das Ende der deutschen Teilung besiegelt. Warum wird er wohl so genannt?*

b) *Wie kam es, dass der 3. Oktober zum deutschen Nationalfeiertag wurde?*

Aufgabe 3: *Welche der beiden folgenden Ansichten vertrittst du? Begründe deine Meinung.*

„Meiner Meinung nach sollte der 3. Oktober Nationalfeiertag bleiben. Denn das war der Tag, auf den viele Deutsche so lange gewartet hatten: Die deutsche Wiedervereinigung war endlich abgeschlossen. Deshalb ist es ein großer Tag in der Geschichte. Der 9. November darf niemals zum Feiertag werden. Denn wollen wir wirklich den Tag feiern, an dem 1938 tausende jüdische Geschäfte zerstört wurden? Es ist ein Tag des Hasses. Den 9. November zum Nationalfeiertag zu erklären, wäre respektlos gegenüber den Opfern des Nazi-Regimes.“

„Der 9. November sollte eindeutig zum Nationalfeiertag werden. Denn der Tag des Mauerfalls 1989 ist für uns Deutsche doch viel wichtiger. Es war der Tag der Freude und des Jubels. 28 Jahre lang waren die Menschen durch die Mauer getrennt. Dieser Tag schweißte sie wieder zusammen. Beim 3. Oktober 1990, das war fast ein Jahr nach dem Mauerfall, wissen doch viele gar nicht, was da eigentlich passiert ist. Im Einigungsvertrag wurde die Wiedervereinigung nur rechtlich festgeschrieben. Aber in Wirklichkeit war sie doch schon längst abgeschlossen.“

Deutsche Geschichte 1945 bis heute
Ein informativer Überblick – Bestell-Nr. 12 173

Der Zwei-plus-Vier-Vertrag vom 12.09.1990

Mit dem Einigungsvertrag zwischen der BRD und der DDR waren die innenpolitischen Fragen geklärt. Jetzt fehlte nur noch die Zustimmung der vier Siegermächte USA, Frankreich, Großbritannien und Sowjetunion. Denn rechtlich gesehen hatten die Sieger des Zweiten Weltkrieges immer noch Vorbehaltsrechte über Deutschland. Insbesondere von Frankreich und von Großbritannien wurde die deutsche Einheit zunächst skeptisch gesehen, weil Deutschland aufgrund seiner neuen Größe und Wirtschaftskraft die Stabilität in Europa gefährden könnte. Schließlich stimmten die vier Siegermächte doch der Wiedervereinigung Deutschlands zu.

Der Inhalt des Zwei-plus-vier-Vertrages war:

- Das vereinigte Deutschland soll die Gebiete der bisherigen BRD, der DDR und ganz Berlin umfassen.
- Das vereinte Deutschland erhält die volle Souveränität.
- Die Rechte der vier Siegermächte bezüglich Deutschlands (inklusive Berlin) werden aufgehoben.
- Die sowjetischen Soldaten ziehen endgültig aus Ostdeutschland ab (Frist bis zum Jahr 1994).
- Auch das vereinte Deutschland bleibt Mitglied der NATO.
- Deutsche Soldaten und andere Soldaten der NATO dürfen nach dem Jahr 1994 ebenfalls auf dem Gebiet der ehemaligen DDR stationiert werden.
- Die Zahl der Bundeswehrsoldaten ist auf höchstens 370.000 begrenzt.
- Das vereinte Deutschland bekennt sich eindeutig zum Frieden ...
- ... und verzichtet auf ABC-Waffen.

Aufgabe 4: *Wie bewertest du den Hauptinhalt des Zwei-plus-Vier-Vertrages?*

Auswirkungen des Beitritts der DDR zur BRD

Durch den Beitritt der DDR wurde die Bundesrepublik Deutschland (BRD) flächenmäßig größer. Die Flächengröße nahm zu von knapp 249.000 km² auf fast 357.000 km². Die Einwohnerzahl des Landes stieg von ca. 63 Millionen auf etwa 79 Millionen Menschen. Fünf neue Bundesländer wurden gebildet, sodass die Bundesrepublik Deutschland seitdem insgesamt 16 Bundesländer umfasst. Ostberlin wurde mit Westberlin zum Bundesland Berlin vereinigt.

Aufgabe 5: *Weißt du, welche Bundesländer nach der Einigung gebildet wurden? Markiere sie in der Karte farbig.*

Deutsche Geschichte 1945 bis heute
Ein informativer Überblick – Bestell-Nr. 12 173
KOHL VERLAG

Das Grundgesetz galt jetzt auch für die fünf neuen Bundesländer sowie Ostberlin. Eine neue Verfassung in Deutschland entstand nicht. In den neuen Bundesgebieten kam es zu einem wirtschaftlichen Umbruch. Die Planwirtschaft wurde abgeschafft, dafür die soziale Marktwirtschaft eingeführt. Volkseigene Betriebe wurden in kapitalistisch orientierte Gesellschaften umgewandelt. Dies führte zur Arbeitslosigkeit von etlichen ehemaligen DDR-Bürgern. Zahlreiche Bewohner zogen vom Osten der BRD in den Westen um, um dort einen Arbeitsplatz zu finden und/bzw. bessere Lebensmöglichkeiten zu bekommen. Die Eigentumsverhältnisse mussten in den neuen Bundesgebieten neu geordnet werden. Nun hatte das Privateigentum eindeutig Vorrang vor dem kollektiven Besitz – nicht umgekehrt wie es zuvor in der DDR der Fall war. Grundbesitz und sonstiges Vermögen, das nach der Staatsgründung der DDR (am 7.10.1949) enteignet worden war, wurde in der Regel wieder den vorherigen Eigentümern bzw. ihren Erben übertragen. Die Veränderungen in den neuen Bundesgebieten erforderten sehr hohe finanzielle Kosten. Die Menschen im Westen und Osten der BRD hatten unterschiedliche Lebenserfahrungen und Lebenseinstellungen, die aufeinandertrafen.

Aufgabe 6: *Fasse in einem Schaubild stichwortartig zusammen, welche Auswirkungen der Beitritt der DDR zur BRD hatte.*

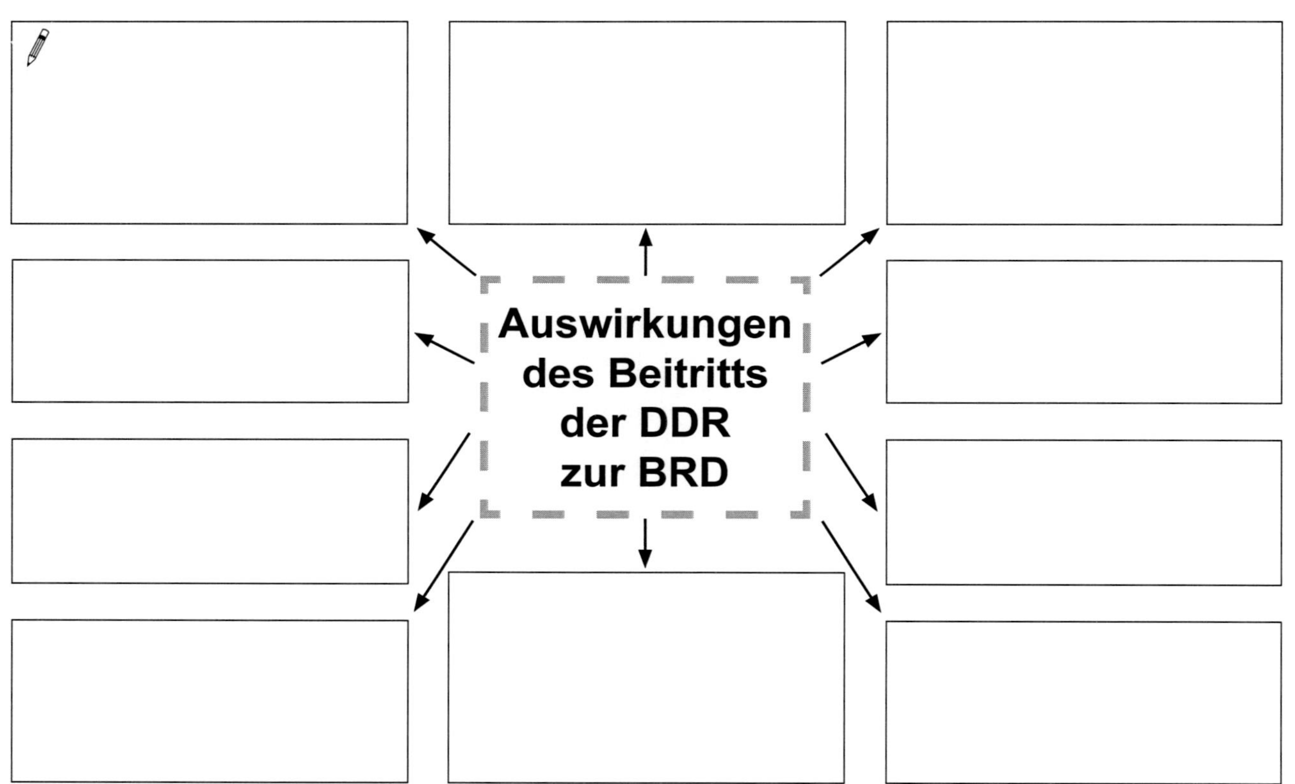

Aufgabe 7: *Recherchiere, in welchen Bereichen immer noch Spuren der deutschen Teilung zu spüren sind. Schreibe in dein Heft/deinen Ordner.*

Deutschland 1985-1990 – ein Rätsel

Aufgabe 8: *Löse das Rätsel. Das Lösungswort bezeichnet eine Gemeinschaft, die die folgenden Jahre die Politik Deutschlands beeinflusste.*

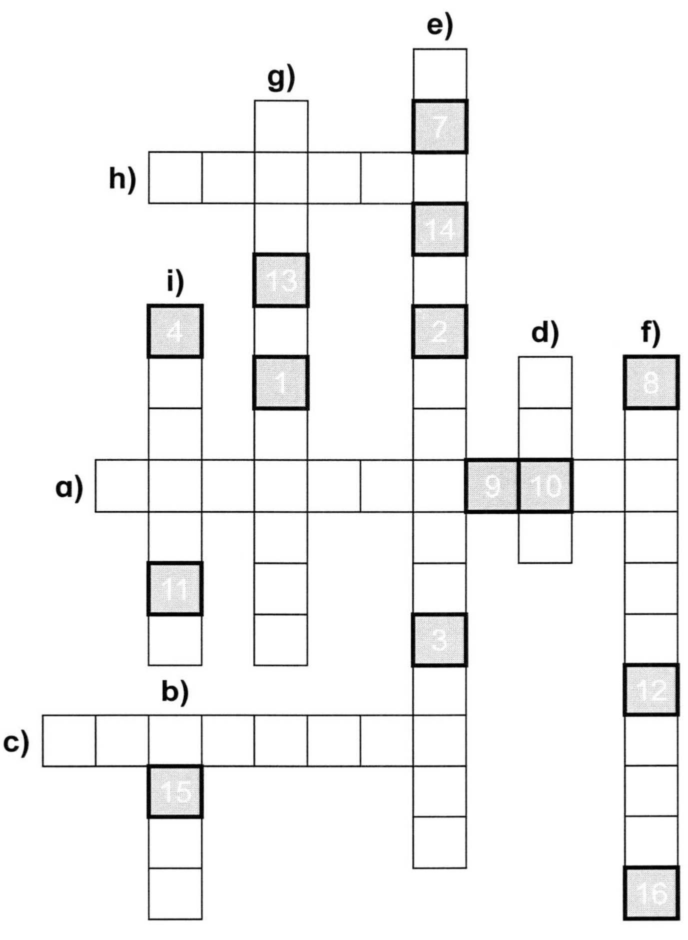

Lösungswort:

a) Wie hieß der sowjetische Politiker, der ab 1985 mit „Glasnost" und „Perestrojka" den Ostblock modernisierte?

b) Mit dem Satz „Wir sind das …" demonstrierten 1989 Tausende von DDR-Bürgern gegen die Staatsführung.

c) In welchem Monat wurde die Mauer geöffnet?

d) 1990 fand in der DDR die erste und freie … zur Volkskammer statt.

e) Im … wurde die politische Einigung zwischen der BRD und der DDR geregelt.

f) Im „Zwei-plus-Vier-Vertrag" stimmten Großbritannien, Frankreich, die USA und die … der Deutschen Einheit zu.

g) Ab 1990 gehörten Sachsen, Sachsen-Anhalt, Thüringen, Mecklenburg-Vorpommern und … zur BRD.

h) Hauptstadt der BRD wurde nach der Wiedervereinigung …

i) Der dritte … ist der deutsche Nationalfeiertag.

Deutsche Geschichte 1945 bis heute
Ein informativer Überblick – Bestell-Nr. 12 173

Deutschland in den Jahren 1991-1999

Helmut Kohl

Ab dem Jahr 1982 regierte in der Bundesrepublik Deutschland Helmut Kohl als Bundeskanzler. Kohl ging als „Kanzler der deutschen Einheit“ in die Geschichte ein. Der CDU-Politiker hatte seinen Anteil an der Verwirklichung der „Wiedervereinigung“, denn er trieb u. a. die Verhandlungen mit der DDR voran. Bei der „Wiedervereinigung“ äußerte Kohl, dass sich die neuen Bundesländer schon bald in „blühende Landschaften verwandeln“ würden, in denen es sich lohne, zu leben und zu arbeiten. Diese Einschätzung war jedoch bei Weitem zu optimistisch und eine Schönfärbung der tatsächlichen Gegebenheiten.

In den 90er-Jahren des 20. Jahrhunderts ging es um den Aufbau der Wirtschaft und die Verbesserung der Infrastruktur (= Verkehrs-, Versorgungsnetz, Umstellung des Bildungswesens ...) in den neuen Bundesländern. Der Solidaritätszuschlag wurde im Jahr 1991 als Entwicklungshilfe für die neuen Bundesländer eingeführt. Ein großes Problem war in Deutschland die Arbeitslosigkeit. So lag um das Jahr 1998 herum die Arbeitslosigkeit in den neuen Bundesländern bei etwa 20 %, in den alten Bundesländern bei ca. 10 %. Im Weiteren war in Deutschland die Zunahme der ausländerfeindlichen Gewalt ein Problem. Jedoch demonstrierten in vielen Städten Menschen gegen Fremdenhass und Rassismus.

Aus der Europäischen Gemeinschaft (EG) wurde 1993 die Europäische Union (EU), wozu Deutschland als Mitgliedsstaat wesentlich beitrug. 1994 verließen die letzten Truppen der vier deutschen Besatzungsmächte die Bundesrepublik Deutschland. Schon 1992 nahmen erstmals – seit dem Ende des Zweiten Weltkrieges – deutsche Soldaten an einer Mission der UNO teil (in Somalia). Im Jahr 1995 erfolgte der erste NATO-Einsatz deutscher Soldaten – und zwar im ehemaligen Jugoslawien.

Drei Jahre später endete die 16-jährige Amtszeit von Kohl als Bundeskanzler. Nach der Bundestagswahl 1998 wählten die Abgeordneten Gerhard Schröder (SPD) zum neuen Bundeskanzler. Politiker der beiden Parteien SPD sowie Bündnis 90/Die Grünen bildeten nunmehr die Bundesregierung (= „Rot-Grüne-Koalition“). Die Partei Bündnis 90/Die Grünen war 1993 aus dem Zusammenschluss der ostdeutschen Bürgerrechtsbewegung sowie der westdeutschen Partei „Die Grünen“ entstanden.

KOHL VERLAG
Deutsche Geschichte 1945 bis heute
Ein informativer Überblick – Bestell-Nr. 12 173

10 Nach dem Mauerfall

Aufgabe 1: *Wo sind die Fehler?*

a) Jeder liest den Text (siehe vorherige Seite) für sich allein durch und streicht sich dabei die wichtigsten Aussagen an.

b) Anschließend formuliert jeder drei Aussagen zum Text, in die er absichtlich jeweils einen Fehler einbaut.

c) Dann werden die fehlerhaften Aussagen mit denen des Partners ausgetauscht. Jeder hat nun die Aufgabe, die Fehler zu finden und die Aussagen zu korrigieren.

d) Zuletzt werden die korrigierten Aussagen wieder untereinander ausgetauscht. Der jeweils andere überprüft nun, ob die Fehler gefunden und korrekt korrigiert wurden.

1. ______________________________

2. ______________________________

3. ______________________________

Aufgabe 2: *Bringe die folgenden Ereignisse in die richtige Reihenfolge.*

a) Erster NATO-Einsatz der deutschen Bundeswehr

b) Einführung des Solidaritätszuschlags

c) Gerhard Schröder wurde Bundeskanzler

d) Gründung der EU

e) Helmut Kohl wurde Bundeskanzler

Aufgabe 3: *Recherchiere im Internet über die UNO soiwe die NATO und fülle die Steckbriefe aus.*

UNO	NATO
Gründung: ____________	**Gründung:** ____________
Hauptsitz: ____________	**Hauptsitz:** ____________
Mitglieder: ____________	**Mitglieder:** ____________
Ziele: ____________	**Ziele:** ____________
____________	____________
____________	____________
____________	____________
____________	____________

Aufgabe 4: *Nenne ein weiteres Beispiel für einen NATO-Einsatz, an dem die deutsche Bundeswehr teilnahm. Schreibe in dein Heft/deinen Ordner.*

Deutsche Geschichte 1945 bis heute
Ein informativer Überblick – Bestell-Nr. 12 173
KOHL VERLAG

Deutschland ab dem Jahr 2000

Im Jahr 2000 fand erstmalig die Weltausstellung Expo in Deutschland statt (in Hannover). 2001 verübte die Terrororganisation al-Qaida in den USA Terroranschläge u. a. auf das World Trade Center in New York. Als Folge nahm auch in Deutschland die Angst vor terroristischen Anschlägen zu und steigerte sich im 2. Jahrzehnt des 21. Jahrhunderts, nachdem Terroristen des „Islamischen Staates“ (ISIS) in Europa Anschläge verübt hatten.

In Deutschland und weiteren Ländern der Europäischen Union (EU) wurde 2002 der Euro als neue Währung eingeführt. 2003 leitete die Bundesregierung unter dem Bundeskanzler Schröder (SPD) unter der Bezeichnung Agenda (lateinisch= „was zu tun ist“) Reformen im deutschen Sozialsystem und auf dem Arbeitsmarkt ein. In diesem Rahmen wurden die finanziellen staatlichen Leistungen für die Bürger des Staates gekürzt. Es galten nun schärfere Bestimmungen, um soziale Unterstützung zu erhalten. Ein Wechsel der Bundesregierung erfolgte 2005. Anstelle von Schröder (SPD) wurde Angela Merkel (CDU) zur neuen Bundeskanzlerin gewählt.

Nach 1974 wurde im Jahr 2006 in der Bundesrepublik Deutschland zum zweiten Mal die Fußballweltmeisterschaft der Männer ausgetragen. Im Jahr 2007 erfolgte in Deutschland eine Erhöhung der allgemeine Mehrwertsteuer von 16 auf 19 %. Wirtschaftlich hatte Deutschland ab 2009 mit Bankkrisen und als Mitgliedsstaat der EU mit finanziellen Problemen in anderen EU-Ländern (z. B. Griechenland) zu kämpfen.

Im Jahr 2011 kam es im japanischen Atomkraftwerk Fukushima nach einem Tsunami zu einer Katastrophe. Daraufhin beschloss der Deutsche Bundestag, einige Atomkraftwerke in Deutschland sogleich abzustellen, die übrigen bis spätestens zum Jahr 2022. Das Jahr 2015 war u. a. aufgrund des Bürgerkrieges in Syrien durch die Einwanderung von sehr vielen Flüchtlingen nach Deutschland gekennzeichnet. Die Bundeskanzlerin Merkel verkündete, die Integration der Flüchtlinge werde gelingen („Wir schaffen das!“).

Nach dem Tsunami in Japan

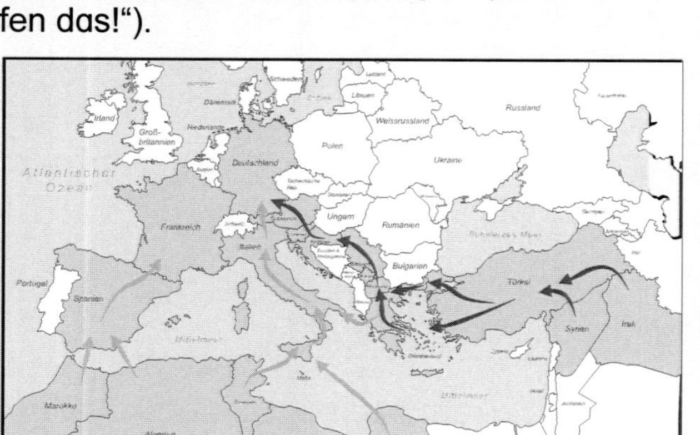

Die Einwanderungswelle nach Deutschland

Gegen die Einwanderung vor allem von Muslimen bildeten sich aber in der deutschen Bevölkerung (insbesondere in den neuen Bundesländern) erheblicher Protest und Widerstand. Die Protestbewegung Pegida (= „Patriotische Europäer gegen die Islamisierung des Abendlandes“) und die Partei AfD (= „Alternative für Deutschland“) entstanden. Die AfD gilt als eine rechtspopulistische Partei mit rechtsextremen Tendenzen.

KOHL VERLAG
Deutsche Geschichte 1945 bis heute – Ein informativer Überblick – Bestell-Nr. 12 173

Aufgabe 5: *Verbinde, was zusammengehört.*

2000	○	○	Wahl Merkels (CDU) zur neuen Bundeskanzlerin
2001	○	○	Austragung der Fußballweltmeisterschaft der Männer in Deutschland
2002	○	○	Einwanderung sehr vieler Flüchtlinge nach Deutschland
2003	○	○	Bankenkrisen und finanzielle Probleme in manchen EU-Ländern
2005	○	○	Einführung des Euros als neue Währung u. a. in Deutschland
2006	○	○	Einleitung der Agenda 2010 durch die Bundesregierung
2007	○	○	Katastrophe im japanischen Atomkraftwerk Fukushima ausgelöst durch einen Tsunami
2009	○	○	Terroranschläge der Terror -organisation al-Qaida in den USA
2011	○	○	Erhöhung der Mehrwertsteuer in Deutschland von 16 auf 19 %
2015	○	○	Erstmalig Weltausstellung Expo in Deutschland

Aufgabe 6: *Du hast nun viel über die Geschichte Deutschlands erfahren. Aber welche Wünsche bzw. Vorstellungen hast du in Bezug auf die Zukunft? Mache dir Gedanken dazu, in welcher Art von Welt du zukünftig leben möchtest. Vielleicht hilft es dir, wenn du folgende Stichpunkte als Anregung in deine Gedanken aufnimmst.*

Umgang mit Extremismus und Terror

Bildung

Arbeit

Umwelt

Wohnen

Umgang mit Zuwanderung

Deutsche Geschichte 1945 bis heute
Ein informativer Überblick – Bestell-Nr. 12 173
KOHL VERLAG

Deutschland ab 1991 – ein Test

Aufgabe 7: *Ergänze die Lücken mit Hilfe deines Wissens.*

1. Anstelle von ____________ wurde Berlin die Hauptstadt und der Regierungssitz der BRD.
2. Von 1982 bis 1998 regierte in der BRD der CDU-Politiker ____________________________.
3. 1991 wurde als Entwicklungshilfe für die neuen Bundesländer der ____________________ __________________ eingeführt.
4. In den neuen Bundesländern war die __________________________ höher als in den alten Bundesländern.
5. Aus der Europäischen Gemeinschaft (EG) wurde 1993 mit deutscher Beteiligung die ___________________________________.
6. Aus Deutschland verließen im Jahr 1994 die letzten ___________________ der vier Besatzungsmächte die Bundesrepublik Deutschland.
7. Im Jahr 1995 erfolgte der erste _________________________ deutscher Soldaten seit dem Ende des Zweiten Weltkrieges – und zwar in Somalia.
8. Der SPD-Politiker ____________________________ wurde 1998 deutscher Bundeskanzler.
9. Die Welt und damit ebenfalls Deutschland wurde am 11. September 2001 erschüttert durch ____________________________ in den USA.
10. Als neue Währung wurde 2002 in Deutschland und manchen anderen EU-Ländern der __________________ eingeführt.
11. Die Bundesregierung leitete ab 2003 unter der Bezeichnung ______________________ Reformen im Sozialsystem und auf dem Arbeitsmarkt ein.
12. 2005 wählte der Bundestag die CDU-Politikerin ____________________________ zur Bundeskanzlerin.
13. In der BRD fand im Jahr 2006 zum zweiten Mal die ______________________________ statt.
14. Die Mehrwertsteuer wurde im Jahr 2007 von 16 auf __________ % erhöht.
15. Nach der Katastrophe im japanischen Fukushima (2011) beschloss der Bundestag einige ________________________ in Deutschland sogleich abzustellen, die übrigen bis spätestens im Jahr 2022.
16. 2015 kamen u. a. wegen des Bürgerkriegs in ______________ sehr viele Flüchtlinge nach Deutschland.
17. Als Protest gegen die Einwanderung von Nichtdeutschen (besonders Muslimen) bildete sich in Deutschland die Bewegung ___________________. (= „Patriotische Europäer gegen die Islamisierung")
18. Mit der _________ entstand eine rechtspopulistische Partei.

KOHL VERLAG
Deutsche Geschichte 1945 bis heute
Ein informativer Überblick ▪ Bestell-Nr. 12 173

Das jüngste politische Geschehen in Deutschland

Am 23. Februar 2025 fand in der Bundesrepublik Deutschland die 21. Bundestagswahl statt. Bei dieser Wahl verzeichneten die früher etablierten Volksparteien deutliche Veränderungen im Vergleich zur Bundestagswahl 2021: Die CDU/CSU konnte leicht zulegen, die AfD steigerte ihren Stimmenanteil erheblich und die SPD verlor deutlich im Vergleich zur Wahl 2021. Die Grünen verfehlten ebenfalls ihr Vorjahresergebnis, während Die Linke (+ 3,9 Prozentpunkte) zulegte. Die FDP scheiterte an der 5%-Hürde. Die Sitzverteilungen der letzten drei Bundestage:

Partei	Sitze im Bundestag 2017	Sitze im Bundestag 2021	Sitze im Bundestag 2025
CDU	200	152	164
CSU	46	45	44
SPD	153	206	120
AfD	94	83	152
FDP	80	91	-
Die Linke	69	39	64
Bündnis 90/ Die Grünen	67	118	85
SSW	-	1	1

Nach der Bundestagswahl 2025 ergab sich eine klare Veränderung in der politischen Landschaft. Die CDU/CSU ging mit etwa 28,5 % der Zweitstimmen als stärkste Partei aus der Wahl hervor, gefolgt von der Alternative für Deutschland (AfD) mit rund 20,8 % und der SPD mit 16,4 %. Die Grünen erreichten etwa 11,6 %, und die Linke konnte ihren Anteil auf etwa 8,8 % ausbauen. Die FDP sowie das Bündnis Sahra Wagenknecht (BSW) verfehlten mit 4,3 % bzw. 4,98 % die Fünf-Prozent-Hürde und zogen daher nicht in den Bundestag ein; der SSW ist aufgrund einer Sonderregelung weiterhin mit einem Sitz vertreten.

Nach der Wahl bildeten die CDU/CSU und die SPD eine Koalitionsmehrheit und arbeiteten an einer gemeinsamen Regierung. Am 6. Mai 2025 wählte der Deutsche Bundestag Friedrich Merz (CDU) zum neuen Bundeskanzler. Damit endete die Amtszeit von Olaf Scholz (SPD), der zuvor Bundeskanzler gewesen war.

Die Bundestagswahl 2025 war durch erhebliche Verschiebungen in den Stimmenanteilen gekennzeichnet; insbesondere verlor die SPD deutlich an Wählerstimmen im Vergleich zu früheren Wahlen, während AfD und Linke relative Zugewinne erzielten. Auch die FDP, die zuvor in der Regierungskoalition vertreten war, ist derzeit nicht im Parlament vertreten.

Politisch wird auch weiterhin über zentrale gesellschaftliche Themen wie Migration, Wirtschaftspolitik, Energieversorgung und soziale Sicherungssysteme kontrovers diskutiert. Diese Debatten prägen die Arbeit des Deutschen Bundestages und die politische Auseinandersetzung in Deutschland nach der Wahl 2025.

Aufgabe 8: *Welche Meinung hast du zum Ergebnis der Bundestagswahl 2025 und deren Auswirkungen? Begründe deine Meinung.*

Aufgabe 9: *Was kannst du selbst konkret zum aktuellen politischen Geschehen in Deutschland sagen?*

11 Lösungen

1

Aufgabe 1: Individuelle Lösungen

Aufgabe 2:

a) Die Stadt Berlin war von 1871 bis 1945 die **Hauptstadt** im Deutschen Reich.

b) Nach der deutschen Niederlage im Zweiten Weltkrieg (1945) wurde Berlin durch die Hauptsiegermächte in vier **Besatzungssektoren** aufgeteilt.

c) In den Jahren 1949-1990 galt (Ost-)Berlin als die Hauptstadt der **Deutschen Demokratischen Republik**.

d) Die BRD sah **Westberlin** (mit Sonderstatus) als zugehörig zur Bundesrepublik an.

e) 1961 ließ die Staatsführung der Deutschen Demokratischen Republik um Westberlin eine **Mauer** bauen, die erst Ende 1989 für die DDR-Bürger offen wurde.

f) Im Viermächte-Abkommen (auch Berlin-Abkommen genannt) von 1970 einigten sich die USA, Großbritannien, Frankreich und die **Sowjetunion** über Berlin.

g) Nach dem **Beitritt** der DDR zur BRD (= „Wiedervereinigung") im Jahr 1990 wählte der Bundestag das vereinigte Berlin zur deutschen Hauptstadt und zum Regierungssitz.

h) Berlin ist heute auch ein **Bundesland** der BRD.

Aufgabe 3:

1945: Ende des Zweiten Weltkrieges und Potsdamer Konferenz

1949: Gründung der BRD und DDR

1953: Missglückter Volksaufstand in der DDR

1961: Mauerbau um Westberlin herum

1972: Grundlagenvertag zwischen der BRD und DDR

1989: Erfolgreiche friedliche Revolution in der DDR und Öffnung der DDR-Grenzen nach Westen

1990: Beitritt der DDR zur BRD („Wiedervereinigung")

1993: BRD wurde Gründungsmitglied der aus der Europäischen Gemeinschaft (EG) entstandenen Europäischen Union (EU)

2002: Einführung der Währung Euro in der BRD und anderen Ländern der Europäischen Union (EU)

2005: Merkel als erste Frau zur Bundeskanzlerin der BRD gewählt

---

2

Aufgabe 1:

a) Richtig

b) Falsch: Die Bevölkerung im Osten Deutschlands litt besonders unter der Niederlage.

c) Falsch: In den Städten waren die Zerstörungen nach dem Krieg am größten.

Aufgabe 2: Der Krieg hinterließ eine Trümmerlandschaft. Deutschlandweit war ca. ein Viertel der Wohnungen unbewohnbar, in Großstädten waren die Zerstörungen oft noch verheerender. Schulen und Verkehrsanlagen waren zerbombt. Nicht einfacher war es mit der Versorgung von Energie und Lebensmitteln. Die Erträge der Landwirtschaft reichten in den ersten Nachkriegsjahren nicht aus, um die Bevölkerung zu versorgen. Zerstörungen durch Bombardierungen erschwerten den Transport vom Land bis in die Städte. Die Menge an Nahrungsmitteln pro Person wurde streng vorgeschrieben. In dieser Zeit blühte der Schwarzmarkt. Andere begingen Diebstähle.

Aufgabe 3: Mit der bedingungslosen Kapitulation hatte Deutschland den Krieg endgültig verloren. Die Siegermächte USA, Frankreich, Großbritannien sowie die Sowjetunion übernahmen in Deutschland die Aufsicht und Kontrolle über alle politischen und gesellschaftlichen Angelegenheiten.

Aufgabe 4: Individuelle Lösungen

2

Aufgabe 5: **D**emilitarisierung: Deutschland durfte keine Soldaten und Waffen mehr haben.
Denazifizierung: Die deutschen Nationalsozialisten sollten verurteilt, der Nationalsozialismus ausgeschaltet werden.
Demokratisierung: Das deutsche Volk sollte zu demokratischem Verhalten erzogen werden.
Demontage: Materialien sollten als Reparationen aus Deutschland abtransportiert werden.
Dezentralisierung: Deutschland sollte aufgeteilt werden.

Aufgabe 6: Das nationalsozialistische Deutschland war verantwortlich für den Ausbruch des Zweiten Weltkrieges. Damit aber von deutscher Seite nie wieder ein Krieg ausgehen kann, musste Deutschland geschwächt werden.

Aufgabe 7:

- Deutschland wurde in 4 Besatzungszonen aufgeteilt:
  - in eine britische Besatzungszone,
  - in eine US-amerikanische Besatzungszone,
  - in eine französische Besatzungszone,
  - in eine sowjetische Besatzungszone.
  - Berlin wurde in vier Besatzungssektoren aufgeteilt.
- Ostdeutsche Gebiete wurden abgetrennt: Westpreußen, Pommern, Schlesien sowie der südliche Teil Ostpreußens kamen unter polnische Verwaltung, der nördliche Teil Ostpreußens unter sowjetische Verwaltung.

Aufgabe 8: In dem Potsdamer Abkommen wurde festgelegt, dass Deutsche aus den ehemaligen deutschen Gebieten in Polen, Ungarn und der Tschechoslowakei ausgesiedelt werden sollten. Andere flohen aus Angst vor Racheakten der dortigen Bevölkerung. Mehr als 10 Mio. Deutsche mussten ihre Heimat für immer verlassen und kamen in die vier Besatzungszonen oder nach Berlin.

Aufgabe 9:

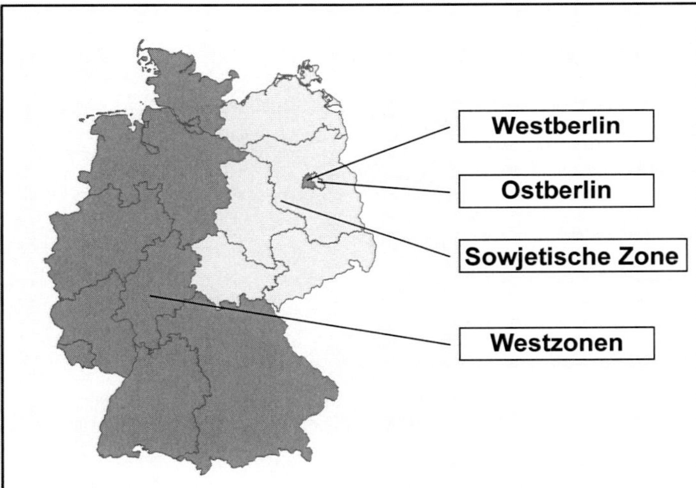

Aufgabe 10: Westberlin war vollständig von der sowjetischen Besatzungszone umschlossen.

Aufgabe 11: Deutschland sollte nach dem Zweiten Weltkrieg von nationalsozialistischem Gedankengut befreit werden. Um Kriegsverbrecher, aber auch rangniedrigere NSDAP-Mitglieder ausfindig zu machen, wurden beispielsweise Fragebögen eingesetzt, die wahrheitsgemäß beantwortet werden mussten. Allerdings blieben viele Verantwortliche ungestraft, sodass die Entnazifizierung nur teilweise stattfand.

Deutsche Geschichte 1945 bis heute
Ein informativer Überblick – Bestell-Nr. 12 173
KOHL VERLAG

2 **Aufgabe 12:** Zum einen versuchten Verantwortliche, sich aus der Verantwortung zu ziehen, indem sie beispielsweise belastende Dokumente verschwinden ließen. Zum anderen entstand durch die Entlassungen ein Mangel an Personal und an Arbeitskräften in der Verwaltung und Wirtschaft. Den Alliierten war aber daran gelegen, die Verwaltung und die Wirtschaft möglichst rasch wieder aufzubauen.

Aufgabe 13: Individuelle Lösung

Aufgabe 14: Die Überlebenden des zweiten Weltkrieges hatten es sehr schwer. Viele litten unter Hunger und Armut. Ab 1946 verringerten Care-Pakete aus den USA ein wenig die Not. Frauen bewährten sich bei der Beseitigung von Kriegstrümmern. Zahlreiche Männer waren tot, kriegsversehrt oder befanden sich noch in Kriegsgefangenschaft. Flüchtlinge u. a. wohnten zunächst in Notunterkünften (z. B. in Wellblechhütten), Nach der Beseitigung von Kriegstrümmern begann in Deutschland der Wiederaufbau.

---

3 **Aufgabe 1:**

Westen	Osten
Kapitalismus Freiheit Demokratie USA, Frankreich, Großbritannien	Sozialismus Kommunismus Diktatur Sowjetunion

Aufgabe 2: Diese Staaten waren verbündet, um das nationalsozialistische Deutschland und dessen Verbündete im Zweiten Weltkrieg zu besiegen.

Aufgabe 3: Der Begriff „Kalter Krieg" ist die Bezeichnung für die Gegensätze und erheblichen Spannungen zwischen den Westmächten unter der Führung der USA und den Ostblockstaaten angeführt von der Sowjetunion.

Aufgabe 4: Zwischen den USA und der Sowjetunion kam es nie zu einer direkten militärischen Auseinandersetzung. Es kam zwar zu Kriegen, in denen die USA als Verbündete auf der einen Seite und die Sowjetunion als Verbündete auf der anderen Seite standen. Aber zwischen den USA und der Sowjetunion blieben die Waffen „kalt".

Aufgabe 5: Mögliche Lösung:
a) ... Staaten kommunistisch geworden.
b) ... das weitere Vordringen des sowjetischen Einflusses und des Kommunismus in Europa.
c) ... dem US-amerikanischen Außenminister George C. Marshall.
d) ... European Recovery Program (= Europäisches Wiederaufbau-Programm).
e) ... europäischen Staaten, die von der Sowjetunion gelenkt wurden.

Aufgabe 6:
a) Linderung der Not in der Bevölkerung
b) Wiederaufbau der Wirtschaft
c) Schaffung zukünftiger Absatzmärkte für Produkte aus den USA

Aufgabe 7: Individuelle Lösungen

Aufgabe 8:
a) Richtig
b) Falsch: 1948 wurde die Deutsche Mark eingeführt.
c) Falsch: Die Wieder- sowie die Neugründung von demokratischen Parteien wurde erlaubt.
d) Richtig

3

Aufgabe 9: Mögliche Lösung:
In den westlichen Besatzungszonen lag der Fokus beim Wiederaufbau zum einen in der Demokratisierung. Basierend auf dem Prinzip der Freiheit wurden demokratische Parteien zugelassen. Zum anderen kamen den westdeutschen Besatzungszonen die finanziellen Hilfen durch den Marshall-Plan zugute. Folge war, dass es der westdeutschen Wirtschaft bald besser ging. Das System in der SBZ basierte dagegen nicht auf demokratischen Prinzipien. Es herrschte letztendlich nur eine einzige Partei, die gegen jeden vorging, der anderer Meinung war.

Aufgabe 10: Richtige Reihenfolge:

1) Die drei Westmächte USA, Großbritannien sowie Frankreich führten im Juni 1948 in ihren deutschen Besatzungszonen und kurz darauf in ihren Besatzungssektoren Berlins eine Währungsreform durch.
2) Die Reichsmark wurde ungültig und durch die Deutsche Mark (DM) ersetzt.
3) Darauf reagierte die sowjetische Besatzungsmacht, die in ihrer Besatzungszone und in Ostberlin die Ostmark eingeführt hatte, ab dem 24.06.1948 mit der Sperrung aller Land-, Eisenbahnwege und Wasserstraßen von Westdeutschland nach Berlin.
4) Damit drohte der Bevölkerung in Westberlin u. a., hungern zu müssen und im Winter zu frieren.
5) Mit ihrer Aktion wollte die Sowjetunion die USA, Großbritannien und Frankreich dazu zwingen, ihre Besatzungstruppen und das sonstige Personal aus Berlin abzuziehen.
6) Die USA und Großbritannien ließen jedoch ständig ihre Flugzeuge nach Westberlin einfliegen (= „Luftbrücke“), um die Westberliner Bevölkerung mit Lebensmitteln, Kohle und anderen Gütern zu versorgen.
7) Sogar Bauteile zur Errichtung eines Kraftwerkes wurden per Flugzeuge nach Westberlin gebracht.
8) Die Westberliner bezeichneten die Flugzeuge, die Waren nach Westberlin brachten, im Scherz als „Rosinenbomber“ oder „Rosinenbrummer“.
9) Die Blockade Berlins durch die sowjetische Besatzungsmacht dauerte bis Mai 1949.
10) Schließlich gab die Sowjetunion die Blockade Westberlins wegen mangelnden Erfolges auf.

Aufgabe 11:

a) Die Sowjetunion wollte die USA, Großbritannien und Frankreich zwingen, ihre Besatzungstruppen und das sonstige Besatzungspersonal aus Westberlin abzuziehen und selbst Einfluss auf Westberlin gewinnen.
b) Damit sind die US-amerikanischen und britischen Flugzeuge gemeint, die 1948/1949 Waren nach Westberlin brachten.

Aufgabe 12:

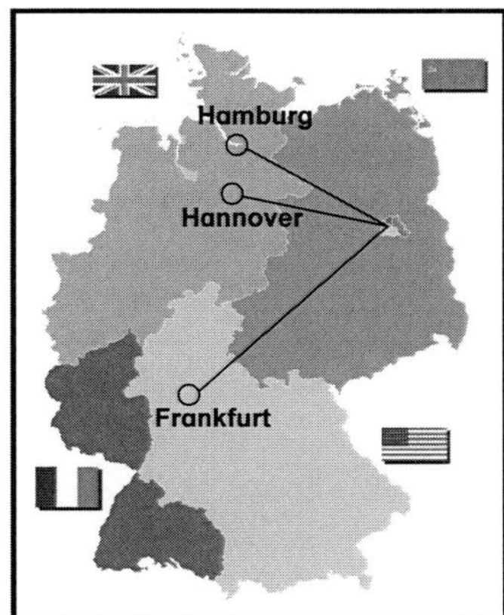

Aufgabe 13: Individuelle Lösungen

Aufgabe 14: Individuelle Lösungen

4

Aufgabe 1: **a)** Frankreich, **b)** Nationalversammlung, **c)** Bonn, **d)** Abgeordneten, **e)** Grundgesetz, **f)** Gegenstimmen, **g)** Hauptstadt, **h)** genehmigten, **i)** Bayern, **j)** Bundeskanzler

Aufgabe 2:

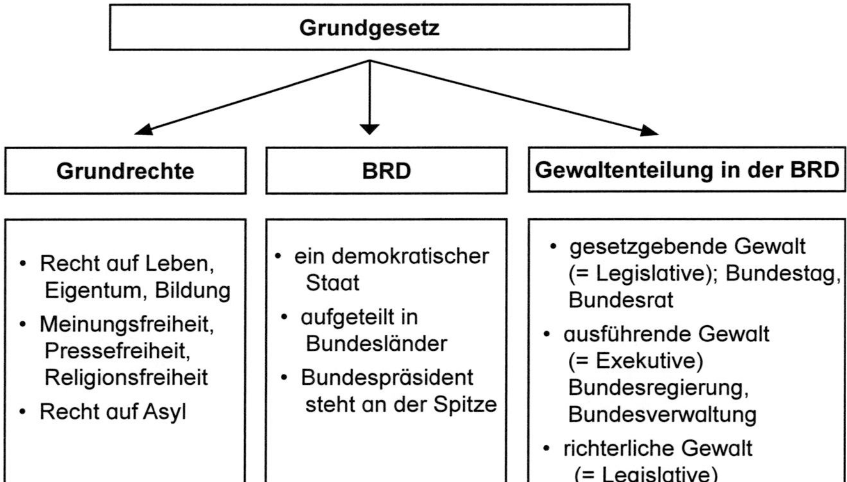

Aufgabe 3:

	BRD	DDR
Gründungstag	23. Mai 1949	7. Oktober 1949
Name des Parlaments	Bundestag	Volkskammer
Hauptstadt	Bonn	Ostberlin
Name der Verfassung	Grundgesetz	Verfassung der Deutschen Demokratischen Republik

Aufgabe 4:

a) Die Deutsche Demokratische Republik entstand aus der sowjetischen Besatzungszone sowie dem sowjetischen Besatzungssektor Ostberlin.

b) Laut Verfassung war die Deutsche Demokratische Republik ein demokratischer Staat.

c) Die Verfassung ging aus einem Entwurf der Partei SED hervor.

d) Die Sowjetunion spielte die entscheidende Rolle bei der Gründung der Deutschen Demokratischen Republik. Die Sowjetunion ließ die Gründung der Deutschen Demokratischen Republik zu, ja betrieb die Entstehung dieses Staates.

Aufgabe 5: Individuelle Lösungen

Aufgabe 6:

Bild 1: In dem Nürnberger Hauptprozess (1945/1946) wurden von 22 Angeklagten 12 führende Nationalsozialisten zum Tode verurteilt. Andere erhielten Haftstrafen von zehn Jahren bis lebenslänglich.

Bild 2: Benannt ist der Marshall-Plan nach dem US-amerikanischen Außenminister G. C. Marshall. Dieser Plan half europäischen Ländern beim Wiederaufbau nach dem Zweiten Weltkrieg. Mit dem Marshall-Plan verschafften sich die USA Einfluss in Europa.

Bild 3: Die sowjetische Besatzungsmacht sperrte von Ende Juni 1948 bis Mai 1949 alle Landwege, Eisenbahnwege und Wasserstraßen von Westdeutschland nach Berlin. Daraufhin versorgten die USA und Großbritannien Westberlin auf dem Luftweg.

Bild 4: Bonn war von 1949 bis 1990 die provisorische Hauptstadt und Regierungssitz der Bundesrepublik Deutschland.

4 **Aufgabe 7:**

f) KALTER KRIEG

e) TRÜMMERFRAUEN

d) NATIONALSOZIALISMUS

c) POLEN

g) MARSHALL-PLAN

m) OSTBERLIN

k) GRUNDGESETZ

h) SED

i) TRIZONE

j) BLOCKADE

a) BESATZUNGSZONEN

b) POTSDAMER

l) SOWJETUNION

Lösungswort:

DEUTSCHE EINHEIT

---

5 **Aufgabe 1:** Mögliche Lösungen:

a) .... bezeichnete sich u. a. als eine „Volksdemokratie“.

b) ... die Sowjetunion mit deren Ausrichtung an der „Diktatur des Proletariats“

c) ... stammt ursprünglich vom Gesellschaftskritiker Karl Marx

d) ... verschiedene Parteien: SED, CDU, LDPD, NDPD und DBD

e) ... führende Partei in der DDR.

f) ... waren die allermeisten Abgeordneten Mitglieder der Partei SED.

g) ... Freier Deutscher Gewerkschaftsbund (FDGB), Freie Deutsche Jugend (FDJ) und Demokratischer Frauenbund (DFD)

h) ... besaß die SED die Macht.

i) ... der eigentliche Machtinhaber bis zum Jahr 1971.

j) ... der eigentliche Machtinhaber von 1971-1989.

k) ... (= Abkürzung für das Ministerium für Staatssicherheit) überwachte die DDR-Bürger.

l) ... die DDR aufgeteilt in 14 Bezirke + Ostberlin.

Aufgabe 2: Die DDR war in Wirklichkeit keine Demokratie. Es gab in der DDR zwar Wahlen, die ein wichtiges Prinzip eines demokratischen Staates sind. Aber die Wahlen selbst waren nicht demokratisch. In einer Demokratie muss es für die Bürger die Möglichkeit geben, eine andere Regierung zu wählen. Das war in der DDR aber nicht möglich, denn den Bürgern blieb letztendlich nichts anderes übrig, als durch die Einheitsliste die SED zu wählen. Die Wahlen in der DDR waren daher nicht frei. Sie waren auch nicht geheim, denn niemand traute sich, Wahlkabinen zu benutzen.

Aufgabe 3: Individuelle Lösungen

5

Aufgabe 4: Beide Flaggen wiesen als waagerechte Streifen die Farben Schwarz, Rot und Gold auf. In der Mitte der DDR-Flagge befand sich ein Emblem. Es bestand aus einem Ährenkranz, einem Hammer und einem Zirkel. Auf der BRD-Flagge war und ist auch heute keine Emblem zu sehen.

Aufgabe 5: Die drei Farben der beiden Flaggen gehen zurück auf die Uniformen der „Lützower Jäger" in den Befreiungskriegen von der Herrschaft Napoleons I. (1813-1815). Während der deutschen Revolution von 1848/1849 trugen Deutsche schwarz-rot-goldene Fahnen im Kampf für Freiheit und die Einheit Deutschlands.

Aufgabe 6:
a) Richtig
b) Falsch: Stalin starb im Jahre 1953.
c) Richtig
d) Richtig
e) Falsch: Der Warschauer Pakt war ein militärisches Bündnis.

Aufgabe 7: Das westliche Militärbündnis, dem die BRD 1955 beitrat, ist die NATO.

Aufgabe 8: Individuelle Lösungen

Aufgabe 9: Individuelle Lösungen

Aufgabe 10: Individuelle Lösungen

Aufgabe 11: In einem planwirtschaftlich organisierten Staat gehen alle Aktionen nicht von Unternehmen, sondern vom Staat aus. Das heißt, er plant und steuert die gesamte Wirtschaft. Er gibt vor, welche und wie viele Waren in einer bestimmten Zeit produziert werden sollen. Der Staat ist es auch, der den Preis festlegt.

Aufgabe 12:
a) Mögliche Lösung:
... ist eine gerechte Wirtschaftsordnung, in der die Produktionsmittel nicht einzelnen Personen gehören, sondern dem gesamten Volk.
b) Individuelle Lösung

Aufgabe 13: In der DDR war es der Staat, der in Form von Fünfjahresplänen festlegte, was und wie viel davon produziert werden sollte. Wenn man für eine solch lange Zeit im Voraus schon plant, ist es schwer abzuschätzen, wie sich die Bedürfnisse jedes einzelnen Menschen entwickeln werden. In einer freien Marktwirtschaft, dem Gegenmodell der Planwirtschaft, kann der Markt viel flexibler auf diese Bedürfnisse reagieren. Zum anderen war es in der DDR so, dass lange Zeit der Versorgung mit Lebensmitteln und der Konsumgüterindustrie (z. B. Herstellung von Autos ...) zu wenig Bedeutung beigemessen wurde.
Auch in der Landwirtschaft kam es zu Fehlplanungen: Nach sozialistischer Vorstellung, in der die Gleichberechtigung an höchster Stelle steht, sollen Produktionsmittel wie Maschinen oder Acker möglichst gleich verteilt werden. Daraus ergibt sich das Problem, dass wirtschaftliches Arbeiten kaum möglich ist, weil Landflächen zu klein sind oder zu weit auseinander liegen. Auch wenn der Staat vorschreibt, was anzubauen ist, können nicht die größtmöglichen Gewinne erzielt werden, weil beispielsweise der Boden für ein bestimmtes Produkt ungeeignet ist.

Aufgabe 14: Die Heranwachsenden mussten geloben:
- dem Staat und Volk zu dienen,
- sich mit voller Kraft für den Sozialismus einzusetzen,
- für die Freundschaft der Völker einzutreten,
- zusammen mit dem sowjetischen Volk sowie den freiheitsliebenden Menschen den Frieden zu bewahren, zu verteidigen.

Aufgabe 15: Die Jugendweihe sollte eine Konkurrenz zur Konfirmation sowie zur Firmung sein und war ein Instrument zur Erziehung der Jugend im Sinne der sozialistischen Weltanschauung der SED-Ideologie.

5

Aufgabe 16: Individuelle Lösungen

Aufgabe 17: Das Regime fürchtete, die Menschen könnten ihrem Land den Rücken kehren und Reisen zur Flucht aus der DDR nutzen.

Aufgabe 18: Individuelle Lösungen

Aufgabe 19:
a) Die DDR-Staatsführung bezeichnete die Abriegelung der Grenzen nach Westen als „antifaschistischen Schutzwall". Die DDR-Bürger müssten vor den „Faschisten" (= Menschen mit antidemokratischer, nationalistischer Gesinnung) geschützt werden.
b) Die Flucht von Bürgern aus der DDR sollte verhindert werden.

Aufgabe 20: Individuelle Lösungen

Aufgabe 21:
a)

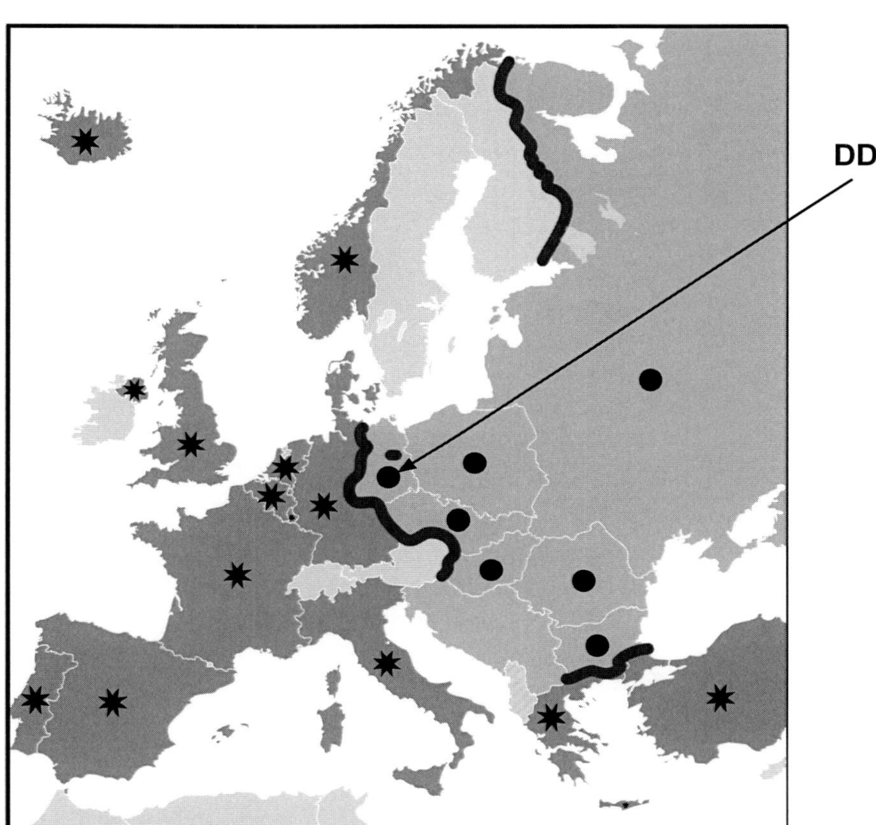

b) z. B. nach Ungarn reisen;
verboten z. B. nach Frankreich zu reisen

Aufgabe 22:
a) Ein DDR-Bürger versuchte, durch die Ostsee in die Bundesrepublik Deutschland zu flüchten.
b) Das geschah tatsächlich:
Der 31 Jahre alte Arzt Peter Döbler, Wohnort Rostock, schwamm von der Küste Mecklenburgs nach Norden. Nachdem er in 24 Stunden ca. 45 km weit geschwommen war, wurde er vor der Küste der BRD-Insel Fehmarn von einer Yacht aufgenommen. Die Flucht aus der DDR war damit gelungen.

6

Aufgabe 1: Individuelle Lösungen

Aufgabe 2:

a) Die Bundesrepublik Deutschland schloss sich den Westmächten (USA, Großbritannien, Frankreich ...) an und verbündete sich mit ihnen.

b) Die BRD akzeptierte das Besatzungsstatut der drei Besatzungsmächte USA, Großbritannien und Frankreich. 1952 wurde die BRD Mitglied der gegründeten Montanunion. 1955 wurde die BRD weitgehend souverän, im selben Jahr Mitglied des Verteidigungsbündnisses NATO.

Aufgabe 3: Individuelle Lösungen

Aufgabe 4: Mögliche Lösung:

Argumente pro Westintegration	Argumente contra Westintegration
• **die BRD erhält Schutz durch die Westmächte** • **der Wiederaufbau ist mit Hilfe der Westmächte leichter** • ...	• **die Wiedervereinigung Deutschlands wird erschwert** • **die BRD wird kein neutraler Staat** • ...

Aufgabe 5: In der Planwirtschaft der DDR plante der Staat, welche Waren und wie viele davon produziert werden sollten. Er legte auch den Preis der Waren fest. Im Kapitalismus bzw. in der sozialen Marktwirtschaft greift der Staat nur begrenzt in die Wirtschaft ein. Die Marktwirtschaft basiert auf dem Wettbewerbsprinzip. Reguliert wird der Markt durch Angebot und Nachfrage, wobei private Anbieter (also Unternehmen) ihre Ware möglichst teuer verkaufen wollen, um dadurch den größten Gewinn für sich erzielen zu können. Nachfrager (also Verbraucher, Konsumenten) möchten die Ware aber zu einem möglichst günstigen Preis kaufen. Der Lohn richtet sich danach, wie leistungsbereit bzw. risikofreudig der Unternehmer ist. Im Modell der Planwirtschaft dagegen gibt es keine privaten Unternehmen, die nach möglichst viel Gewinn streben, da die Erfüllung des vom Staat vorgegebenen Plans im Vordergrund steht. Die Löhne werden zentral festgelegt.

Aufgabe 6: Eine soziale Marktwirtschaft überlässt die Wirtschaft nicht sich selbst, sondern sorgt durch gewisse Maßnahmen für einen Rahmen, der für soziale Gerechtigkeit und soziale Sicherheit sorgen soll. So sorgt er beispielsweise dafür, dass der Wettbewerb zwischen den Unternehmen erhalten bleibt, indem er Preisabsprachen verhindert.

Aufgabe 7: Individuelle Lösungen

Aufgabe 8: Individuelle Lösungen

Aufgabe 9: Man nennt sie „68er-Bewegung".

Aufgabe 10:

a) Richtig
b) Richtig
c) Falsch: APO war die Abkürzung für die „Außerparlamentarische Opposition".
d) Falsch: Die Rote Armee Fraktion war linksradikal eingestellt.
e) Richtig
f) Falsch: In der BRD wurde gegen den Bau von Atomkraftwerken protestiert.
g) Falsch: Bürger in der BRD protestierten auch gegen die Einführung der Bundeswehr.

KOHL VERLAG Deutsche Geschichte 1945 bis heute
Ein informativer Überblick – Bestell-Nr. 12 173

6 **Aufgabe 11:**

	BRD	DDR
Herrschaftsform	Demokratie	Keine wirkliche Demokratie (Scheindemokratie)
Bündnispartner	Die Westmächte durch die NATO	Ostblockstaaten durch den Warschauer Pakt
Gesellschaftsordnung	Kapitalismus	Sozialismus
Wirtschaftssystem	Soziale Marktwirtschaft	Planwirtschaft

Aufgabe 12:

Jugendliche in der BRD	Jugendliche in der DDR
• **Viel Freiraum** • **Viele Jugendsubkulturen** • **Mehr Freizeit** • **Zahlreiche Diskotheken** • **Kommunion und Konfirmation**	• **Starke politische Erziehung** • **75 bis 80 % der Jugendlichen organisiert in der Freien Deutschen Jugend (FDJ)** • **Weniger Freizeit** • **Viele Jugendclubs** • **Jugendweihe**

---

7 **Aufgabe 1:** Die Olympischen Spiele waren für die DDR-Führung von großer Bedeutung. Die SED wollte durch die sportlichen Erfolge die Überlegenheit des Sozialismus gegenüber dem Kapitalismus demonstrieren. Hinzu kam, dass die DDR nicht nur von Staaten im sozialistischen Lager, sondern auch von westlichen Staaten anerkannt werden wollte.

Aufgabe 2:

12.08.1970: Moskauer Vertrag zwischen der BRD und der Sowjetunion

07.12.1970: Warschauer Vertrag zwischen der BRD und Polen

03.09.1971: Viermächteabkommen zwischen Frankreich, der Sowjetunion, Großbritannien und den USA

17.12.1971: Transitabkommen zwischen der BRD und der DDR

21.12.1972: Grundlagenvertrag zwischen der BRD und der DDR

11.12.1973: Prager Vertrag zwischen der BRD und der Tschechoslowakei

Aufgabe 3: Mögliche Lösung:

Moskauer Vertrag: Gegenseitige Verpflichtung, den Frieden aufrechtzuerhalten

Warschauer Vertrag: Die BRD erkennt die Oder-Neiße-Linie als Westgrenze Polens an; es werden keine Gebietsansprüche erhoben.

Viermächteabkommen: Die Sowjetunion garantiert den ungehinderten Transitverkehr auf Straßen, Schienen und zu Wasser zwischen der BRD und Westberlin.

Transitabkommen: Erleichterung des Reisens für BRD-Bürger zwischen der BRD und Westberlin

Grundlagenvertrag: Die BRD erkennt die DDR als gleichberechtigt an; der Austausch von ständigen Vertretern wird vereinbart.

Prager Vertrag: Der Vertrag erklärt das Münchner Abkommen (1938) für ungültig. Dort war festgelegt worden, dass die Tschechoslowakei das Sudetenland an das Deutsche Reich unter der Führung von Adolf Hitler abtreten musste.

KOHL VERLAG Deutsche Geschichte 1945 bis heute – Bestell-Nr. 12 173
Ein informativer Überblick

7

Aufgabe 4:

1961 – Mauerbau
1969 – Willy Brandt wurde Bundeskanzler.
1971 – Abschluss des Transitabkommens
1972 – Abschluss des Grundlagenvertrags
1973 – Beide Staaten traten der UNO bei.
1974 – Ab sofort hatten beide Länder im jeweils anderen Land eine ständige Vertretung.

Aufgabe 5: Individuelle Lösungen

8

Aufgabe 1:

a) Reformen in den Ostblockstaaten ab 1985
b) Fall des „Eisernen Vorhangs" und Massenflucht in Richtung Westen
c) Massendemonstrationen in der DDR
d) **Die** DDR-Führung lehnte die Durchführung von Reformen weiterhin strikt ab.

Aufgabe 2: Mögliche Lösung:

Westberliner:	*Ostberliner:*
„Hallo! Herzlich Willkommen in der BRD!"	„Hallo! Ich kann es kaum glauben! Das ist so toll. Endlich dürfen wir über die Grenze. Ich könnte grad heulen."
„Mir geht es genauso! Das hätte ich nie gedacht, dass wir diese Mauer einmal einfach so überqueren können. 28 Jahre lang trennte sie Berlin und damit auch uns Menschen voneinander."	„Ich bin so gespannt! Ich habe schon so viel über euch und euer Land gehört, aber noch nie selbst gesehen. Kann man bei euch wirklich alles kaufen? Ist es wirklich so bunt bei euch?"
„Ja das stimmt. Aber du musst mir auch über die DDR erzählen! Ich kann es mir gar nicht vorstellen, dass man nicht alles einkaufen kann. Oder dass man auf ein Auto über zehn Jahre warten muss."	„Ja wir müssen uns unbedingt unsere Erfahrungen gegenseitig erzählen! Aber zuerst müssen wir dieses große Ereignis feiern! Lass uns anstoßen!"

Aufgabe 3: Individuelle Lösungen

Aufgabe 4:

Bild 1: Am 16. und 17. Juni 1953 kam es in Ostberlin und anderen DDR-Städten zu einer Erhebung von Arbeitern und sonstigen Bürgern. Die Demonstranten protestierten u. a. gegen die Erhöhung von Arbeitsnormen bei gleichem Lohn und gegen die unzureichende Lebensmittelversorgung. Auch forderten die Demonstranten freie Wahlen oder die Wiedervereinigung Deutschlands. Der Aufstand wurde mit Hilfe sowjetischer Truppen niedergeschlagen.

Bild 2: Ab dem 13. August 1961 ließ die DDR-Staatsführung die Grenzen nach Westberlin und zur BRD verstärkt abriegeln. Um Westberlin herum wurde eine Mauer gebaut. Mit der verstärkten Abriegelung sollte die Flucht von DDR-Bürgern verhindert werden.

Bild 3: Trotz der bestehenden Mauer versuchten DDR-Bürger, nach Westberlin zu flüchten. Manche Fluchtversuche gelangen, andere Fluchtversuche scheiterten. An der Berliner Mauer wurden Flüchtende durch DDR-Grenzsoldaten erschossen.

Bild 4: Am 09.11.1989 ließ die DDR-Staatsführung die Grenzen nach Westberlin und in die Bundesrepublik Deutschland für die Bürger der DDR öffnen. Auch der Durchgang durch das Brandenburger Tor war ab nun möglich.

9

Aufgabe 1:

a) Richtig
b) Falsch: Die Abgeordneten der Volkskammer wählten kurz nach der Grenzöffnung den SED-Politiker Modrow zum Vorsitzenden des Ministerrates.
c) Falsch: Trotz Rücktritte ihrer bisher führenden Mitglieder verlor die SED an Macht und Einfluss in der DDR.
d) Richtig
e) Richtig
f) Falsch: Einige DDR-Politiker strebten 1990 eine Vertragsgemeinschaft mit der BRD an.
g) Falsch: In der DDR gab es einmal eine freie Wahl zur Volkskammer.
h) Richtig
i) Falsch: In der DDR galt bis zum 30.06.1990 die DDR-Mark.

Aufgabe 2:

a) Mit „Zwei" sind die BRD und die DDR gemeint. Das Wort „Vier" bezeichnet die damaligen Siegermächte USA, Großbritannien, Frankreich, Sowjetunion, die der deutschen Einigung zustimmen mussten.
b) Der 3. Oktober ist deutscher Nationalfeiertag, weil an diesem Tag im Jahre 1990 die deutsche Einheit wiederhergestellt wurde („Tag der Deutschen Einheit").

Aufgabe 3: Individuelle Lösungen

Aufgabe 4: Individuelle Lösungen

Aufgabe 5: Mecklenburg-Vorpommern, Brandenburg, Sachsen-Anhalt, Thüringen und Sachsen

Aufgabe 6: Mögliche Lösung:

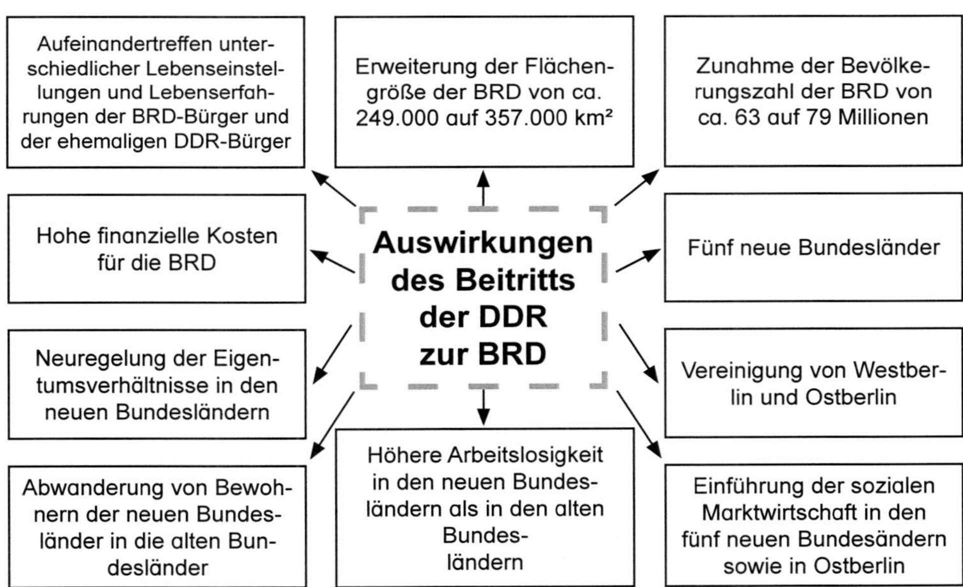

Aufgabe 7: Noch heute sind Unterschiede zwischen West und Ost zu spüren: In der ehemaligen DDR herrscht eine größere Arbeitslosigkeit. So lag die Arbeitslosenquote in Westdeutschland im Jahre 2008 bei 7,2 Prozent, während die in Ostdeutschland bei 14,7 Prozent lag. Ein weiterer Unterschied liegt in der Höhe des durchschnittlichen Einkommens. Im Jahre 2003 hatte ein Westdeutscher ein Durchschnittsnettoeinkommen von 1377 Euro, ein Ostdeutscher von 1151 Euro. In Ostdeutschland ist außerdem das Durchschnittsalter höher. Dort leben durchschnittlich weniger Menschen, weil viele nach dem Mauerfall in den Westen zogen. Auch gibt es immer noch Spuren in unserer Sprache. Wenn wir von „Wessi" und „Ossi" sprechen, weiß jeder, was damit gemeint ist.

11 Lösungen

9 **Aufgabe 8:**

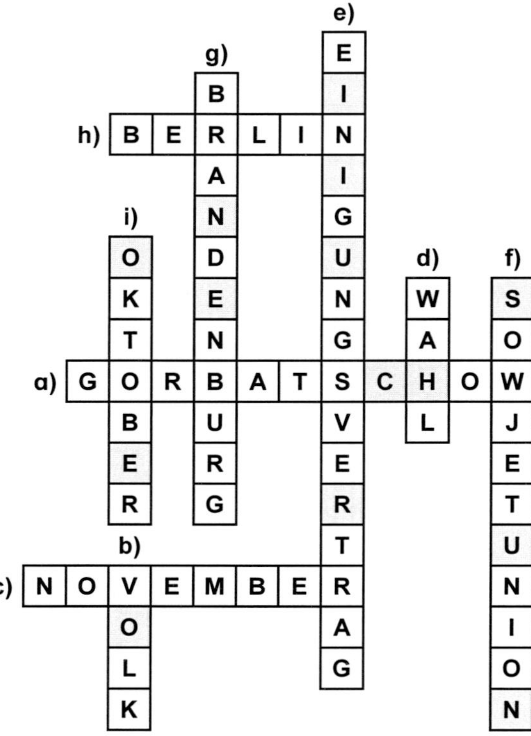

Lösungswort:

E U R O P Ä I S C H E   U N I O N

---

10 **Aufgabe 1:** Individuelle Lösungen

Aufgabe 2: Richtige Reihenfolge: e) – b) – d) – a) – c)

Aufgabe 3:

UNO	NATO
Gründung: *1945*	**Gründung:** *1949*
Hauptsitz: *New York*	**Hauptsitz:** *Brüssel*
Mitglieder: *193 (Stand 2026)*	**Mitglieder:** *31* **(Stand 2026)**
Ziele: • *Sicherung des Weltfriedens* • *Einhaltung des Völkerrechts* • *Schutz der Menschenrechte*	**Ziele:** • *Militärische Kooperation im Falle eines Angriffs auf einen Mitgliedsstaat (Verteidigung)* • *Konfliktverhütung* • *Krisenbewältigung*

Aufgabe 4: Die deutsche Bundeswehr beteiligte sich an einem Einsatz in Afghanistan, der auf den Terroranschlag vom 11. September 2001 zurückgeht. Ziel des Einsatzes in Afghanistan war es, dort al-Qaida zu zerschlagen, deren Anführer Osama bin Laden zu fassen oder zu töten und das mit ihm verbündete Regime der Taliban zu entmachten. Als Mitglied der NATO sicherte Deutschland seine Hilfe zu. Zunächst ging es um die Terrorbekämpfung sowie den Aufbau einer neuen und demokratischen Regierung. Der Einsatz dauert bis heute an, wobei die Verantwortung weitgehend bei den Afghanen liegt, selbst für Sicherheit zu sorgen.

KOHL VERLAG Deutsche Geschichte 1945 bis heute – Ein informativer Überblick – Bestell-Nr. 12 173

10

Aufgabe 5:

2000 – erstmalig Weltausstellung Expo in Deutschland
2001 – Terroranschläge der Terrororganisation al-Qaida in den USA
2002 – Einführung des Euros als neue Währung u. a. in Deutschland
2003 – Einleitung der Agenda 2010 durch die Bundesregierung
2005 – Wahl Merkels (CDU) zur neuen Bundeskanzlerin
2006 – Austragung der Fußballweltmeisterschaft der Männer in Deutschland
2007 – Erhöhung der Mehrwertsteuer in Deutschland von 16 auf 19 %
2009 – Bankenkrisen und finanzielle Probleme in manchen EU-Ländern
2011 – Katastrophe im japanischen Atomkraftwerk Fukushima ausgelöst durch einen Tsunami
2015 – Einwanderung sehr vieler Flüchtlinge nach Deutschland

Aufgabe 6: Individuelle Lösungen

Aufgabe 7:

1. Anstelle von **Bonn** wurde Berlin die Hauptstadt und der Regierungssitz der BRD.
2. Von 1982 bis 1998 regierte in der BRD der CDU-Politiker **Helmut Kohl.**
3. 1991 wurde als Entwicklungshilfe für die neuen Bundesländer der **Solidaritätszuschlag** eingeführt.
4. In den neuen Bundesländern war die **Arbeitslosigkeit** höher als in den alten Bundesländern.
5. Aus der Europäischen Gemeinschaft (EG) wurde 1993 mit deutscher Beteiligung die **Europäische Union.**
6. Aus Deutschland verließen im Jahr 1994 die letzten **Truppen** der vier Besatzungsmächte die Bundesrepublik Deutschland.
7. Im Jahr 1995 erfolgte der erste **NATO-Einsatz** deutscher Soldaten seit dem Ende des Zweiten Weltkrieges – und zwar in Somalia.
8. Der SPD-Politiker **Gerhard Schröder** wurde 1998 deutscher Bundeskanzler.
9. Die Welt und damit ebenfalls Deutschland wurde am 11. September 2001 erschüttert durch **Terroranschläge** in den USA.
10. Als neue Währung wurde 2002 in Deutschland und manchen anderen EU-Ländern der **Euro** eingeführt.
11. Die Bundesregierung leitete ab 2003 unter der Bezeichnung **Agenda 2010** Reformen im Sozialsystem und auf dem Arbeitsmarkt ein.
12. 2005 wählte der Bundestag die CDU-Politikerin **Angela Merkel** zur Bundeskanzlerin.
13. In der BRD fand im Jahr 2006 zum zweiten Mal die **Fußballweltmeisterschaft** statt.
14. Die Mehrwertsteuer wurde im Jahr 2007 von 16 auf **19** % erhöht.
15. Nach der Katastrophe im japanischen Fukushima (2011) beschloss der Bundestag einige **Atomkraftwerke** in Deutschland sogleich abzustellen, die übrigen bis spätestens im Jahr 2022.
16. 2015 kamen u. a. wegen des Bürgerkriegs in **Syrien** sehr viele Flüchtlinge nach Deutschland.
17. Als Protest gegen die Einwanderung von Nichtdeutschen (besonders Muslimen) bildete sich in Deutschland die Bewegung **Pegida.** (= „Patriotische Europäer gegen die Islamisierung").
18. Mit der **AfD** entstand eine rechtspopulistische Partei.

Aufgabe 8: Individuelle Lösungen

Aufgabe 9: Individuelle Lösungen

Deutsche Geschichte 1945 bis heute
Ein informativer Überblick – Bestell-Nr. 12 173
KOHL VERLAG

Bildquellennachweis:

Seite 7: © Benjamin Merbeth - AdobeStock.com;
Seite 9: © Fotothek df ps 0000010 Blick vom Rathausturm - wikimedia.org;
Seite 11: © Bundesarchiv Bild 183-R86965, Potsdamer Konferenz, Gruppenbild - wikimedia.org;
Seite 12: © Map-Germany-1947 - wikipedia.org;
Seite 13/66: © Artalis-Kartographie - AdobeStock.com;
Seite 14: © Entnazifizierung - wikipedia.org, gemeinfrei;
Seite 15: © Trümmerfrauen - wikimedia.org, Janczikowsky;
Seite 16: © Flagge Sowjetunion, Flagge USA - wikipedia.org, gemeinfrei;
Seite 18: © George C. Marshall - wikimedia.org, gemeinfrei;
Seite 19: © Deutsche Mark - wikimedia.org, gemeinfrei;
Seite 20: © SED Plakat 1947 - wikimedia.org, Hellmuth Ellgaard;
Seite 22/68: © Deutschland Besatzungszonen 1945 - wikimedia.org;
Seite 23: © Bundesarchiv B 145 Bild-F078072-0004, Konrad Adenauer - wikimedia.org;
Seite 24: © Grundgesetz - wikimedia.org, gemeinfrei;
Seite 25: © Bundesarchiv, Bild 183-G1122-0600-130, DDR-Gründung - wikimedia.org;
Seite 26, Bild 1: © Nürnberger Prozess - wikimedia.org, gemeinfrei; **Bild 2:** © Marshallplan Schild - wikimedia.org, Holger Ellgaard; **Bild 3:** © Rosinenbomber - wikimedia.org, gemeinfrei; **Bild 4:** © Bundesarchiv B 145 Bild-F010479-0006, Bundeshaus Bonn - wikimedia.org;
Seite 28: © Bundesarchiv Bild 183-08618-0005, Walter Ulbricht - wikimedia.org; © Bundesarchiv Bild 183-R1220-401, Erich Honecker - wikimedia.org;
Seite 30: © Flag of Germany - wikimedia.org, gemeinfrei; © Flag of East Germany - wikimedia.org, gemeinfrei;
Seite 31: © Josef Stalin - wikimedia.org, gemeinfrei;
Seite 32: © Bundesarchiv_Bild_175-14676, Russischer Panzer - wikimedia.org;
Seite 36: © MfS - wikimedia.org, gemeinfrei;
Seite 37: © Berliner Mauer - wikimedia.org, Noir;
Seite 38/72: © Iron Curtain map - wikimedia.org, gemeinfrei;
Seite 39: © Flag of NATO - wikimedia.org, gemeinfrei;
Seite 41: © Bundesarchiv B 145 Bild-F004204-0003, Ludwig Erhard mit seinem Buch - wikimedia.org;
Seite 42: © Weltmeister 1954 - wikimedia.org, gemeinfrei;
Seite 43: © Bundesarchiv B 145 Bild-F038788-0006, Wolfsburg, VW Autowerk, Käfer - wikimedia.org;
Seite 46: © Briefmarke - wikimedia, gemeinfrei;
Seite 48: © Bundesarchiv_B 145 Bild-F057884-0009, Willy Brandt - wikimedia.org;
Seite 50: © Mikhail Gorbachev - wikimedia.org, gemeinfrei;
Seite 51: © West and East Germans at the Brandenburg Gate in 1989 - wikimedia.org, gemeinfrei;
Seite 53, Bild 1: © Bundesarchiv B 145 Bild-F005191-0040, Berlin, Aufstand, sowjetischer Panzer, - wikimedia.org; **Bild 2:** © Bundesarchiv Bild 183-88574-0004, Berlin, Mauerbau, Bauarbeiten - wikimedia.org; **Bild 3:** © Bundesarchiv Bild 183-90157-0001, Berlin, S-Bahnhof Wollankstraße, Fluchttunnel - wikimedia.org; **Bild 4:** © Mauerfall RIA Novosti archive Yuriy Somov - wikimedia.org;
Seite 57: © kartoxjm - AdobeStock.com;
Seite 60: © Bundesarchiv B 145 Bild-F074398-0021, Bonn, Pressekonferenz Bundestagswahlkampf, Kohl - wikimedia.org; © Flag of Europe - wikimedia, gemeinfrei;
Seite 62: © Olivier - AdobeStock.com; © kartoxjm - AdobeStock.com;
Seite 63: © bluedesign - AdobeStock.com